U0077068

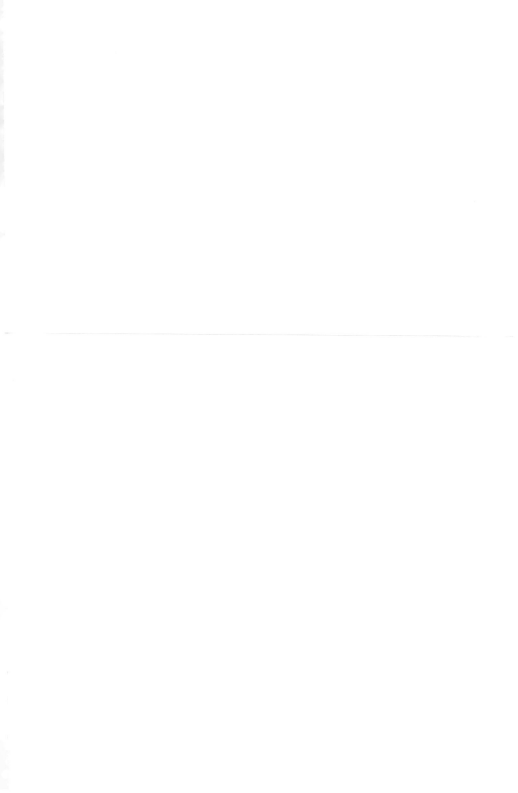

蕭碧燕
投資就該
贏到最後

蕭碧燕◎著

目/錄 contents

Chapter 4　搞懂配息基金

目／錄 contents

Chapter 7 預約退休生活

附錄 1

附錄 2

平凡就能創造幸福

當你看到這本書時，兔年已經快要結束了；再沒多久，大家又將迎接倒數時刻到來。日復一日、年復一年，回首看過去，我竟已快有敬老卡了。人生啊人生，就在我們不知不覺中悄悄地飛逝了！

在 FB 上總有許多人稱讚我，偶爾在街上也有人談論我，投資人、記者碰到基金的問題都常想到來問我，大家似乎覺得我的成就不差，其實沒有你想的那麼優秀，我就「平凡」而已。

我出生在一個極平凡的家庭，父母都只有小學畢業。媽媽為了生一個兒子，卻連生了 9 個女兒，我排行老六，想也知道我們家是貧窮的。小時候做過很多家庭代工（如黏火柴盒、剝龍眼乾、縫手套等），不為什麼，只是家裡需要我們賺錢。

成長的過程沒有大魚大肉，也沒有新衣服……，沒有的東西太多了，唯一比別人富裕的就是我們可以念書，姊妹們也很爭氣，個個上了大學。媽媽告訴我們，將來結婚的嫁妝就是「畢

業證書」。

我是這個家庭的一份子，有幸高中考上嘉義女中（當時成績優秀的人都北上考北一女、台中女中，或南下考台南女中）。大學、研究所念的也不是頂級學府──台、清、政大，而是私立淡江大學（當時號稱學店）；也不是人人稱羨喝過洋墨水的，所以出社會也是從小小職位做起，一路走來戰戰兢兢。

在職場上無法與別人比學歷（歷來長官總看不起我們這種私立學校畢業的學生），就自己與自己比努力。有幸在基金業工作，才有此因緣認識基金、了解基金、投資基金，到今天為大家講解基金。

人生的境遇誰也說不準，小時候我的作文並不好，沒想到我竟然可以出書。我現在懂了，寫書不用作文好，學生時代老師喜歡的作文是要有成語、要運用古人的詩詞⋯⋯這些我都不會，所以分數都很低。但寫書是要讓讀者看得懂，所以文言文、古詞就不必了。

小時候不活潑，有點膽怯，沒想到現在竟常拿麥克風面對好幾百人，甚或上千人演講，口才也不知何時訓練的，總能上台就滔滔不絕。

這些都不是因為我念了什麼了不起的學校，或從小學了什麼才藝而來的，只有一個不變的原則──「負責、盡心、努力」！

　　現在的我，事業沒有什麼了不起，也沒有錢財萬貫、住豪宅、開名車等，但一路走來，沒煩惱過下個月的房貸在哪裡？小孩的學費在哪裡？水電瓦斯費在哪裡？住在一個溫暖的家、有著一輛還可以代步的中古車、輕鬆開心的過日子，與姊妹們談起小時候的種種苦，卻能回味無窮，開懷大笑！

　　說了這些事，是想分享我的人生觀──「平凡」。人生不一定要追求最高學府、學一大堆才藝（怕輸在起跑點）、立偉大的志向……真正需要的是，踏實又認真的學習精神、善良又正面的思想，自然能在自己的人生結下纍纍的成功果實，以此與大家共勉之！

2023年秋

定時定額沒有暴利
只有合理穩定的報酬

「定時定額」在台灣是一個很普遍的投資方法,我在 1994 年第 1 次接觸它至今已邁入第 30 年,不用我多介紹,大部分的人都已了解這個方法。而當時推廣的人,大多會強調在市場低點時持續扣款就能買進更多的單位數。只要堅持到最後,報酬率很驚人。每一個聽過定時定額的人,一定都聽過這樣的理論,但往往在風暴來臨時,一切都破功了。

在我 2005 年開始大力推廣定時定額時,已有兩個體認:

1.所有的理論都是對的,包括:低點可以買進更多的單位數,只要堅持到最後,報酬率很驚人。

2.但是,投資永遠是實務問題。

人們明明知道低點可以買進更多的單位數,但就是會在低點停扣,原因當然是人性的恐懼造成的。如何消滅此恐懼,才是讓這個投資方法能開花結果的重點,因而我推廣定時定額時,

陸續提出了 5 大投資心法：

1. 停利不停扣。
2. 不在乎過程，只在乎結果。
3. 漲也開心，跌要更開心。
4. 傻傻地買，聰明地賣，穩穩地賺。
5. 紀律投資勝過追逐市場趨勢。

而其中，「停利不停扣」更成為我認定的定時定額最高指導原則。停利的目的，只是為了讓人可以走更長的路。因為每一波下殺前，股市幾乎都是漲的，如果你有紀律執行停利，那麼之後的大跌對你而言，風險、心情、恐懼都比別人小很多，也肯定可以不停扣，甚或有錢可以加碼，那就能真正做到「漲也開心、跌要更開心」了。

會停扣固然是人性的恐懼造成，但不外乎就是該基金「負很多」，不然就是「負很久」。因而我開始提醒投資朋友們，選擇扣款的基金若要從最高點扣起，其扣款的過程必須是自己可以接受的；簡單的說，就是扣款的過程負的長度（時間），以及負的深度（帳上虧損程度）必須是自己可以接受的。只要能接受就可以不恐懼，不恐懼就不會停扣，當然就能做到「低點可以買進更多的單位數，只要堅持到最後，報酬率很驚人」。

大家不妨想想，你過去定時定額失敗的原因，若都是因為如此，只要你重新接受新的體會，未來你的投資就都是賺錢的。

　　最後，再度提醒：**定時定額沒有暴利，只有合理穩定的報酬。**

　　你的投資路上是想當贏家？還是專家？只要堅守定時定額的投資原則，此方法會讓你當一輩子贏家！

Chapter

1

建立正確心態

1-1

進場前做好5心理準備
挑對長期投資標的

　　投資做久了，你會體會其實很大的機率是心理戰，心中的那個你，能否戰勝市場帶給你的搖擺、恐懼與貪婪，但所有的事情不是能一蹴即成，都需要經過長時間的學習。投資也不例外，總是要經歷多次的牛熊，才能深刻體會並做到「別人恐懼時貪婪，別人貪婪時恐懼」。

　　2005年我開始大力推廣定時定額，除了我常提到的5大投資心法（詳見前言），你在投資之前，也一定要先做好5個心理準備：

　　1. 了解它（基金），接受它（基金），再投資它（基金）。

　　2. 不問別人：「這檔基金可以買嗎？」而是要問自己：「這檔基金我可以接受嗎？」

　　3. 每天扣款好？還是一週扣一次好？還是一個月扣一次好？答案是：「只要你能紀律執行的那個方法就是最好。」

　　4. 投資所謂的好，不該只以報酬率為依歸，凡事都該以自己

舒心且能成功為圭臬。

5. 投資不是一味追求高報酬,而是追求一個自己最容易成功的方法。

「定時定額」及「買配息基金領利息」這兩種都是要長期投資的,因此了解投資過程、具備正確心態很重要。挑選定時定額標的時,「負的長度及深度要自己可以接受」;挑選配息的基金時則要「配息滿意,波動接受」,這都是在講投資會經歷的過程,只有自己能夠平安度過這過程,才能看到美好的結果。

挑定時定額標的》可以接受負的長度及深度

挑定時定額標的要理解 2 個重點:

1. **負的長度**:挑定時定額的基金不要再想現況如何(漲或跌),不如想永遠可以適用的規則,且是在最不 lucky 的情況下,那就是——假如從高點扣起,負的時間需要多長?因此我才會將定時定額的基金(以股票型基金為主)分為 1 軍、2 軍、3 軍,其代表的意義就是「從高點扣起,等待翻正的時間」;其中 1軍最短,3 軍最長。

2. **負的深度**:指投資過程中該基金的負報酬率可能會到

多大？是 -20%？-30%？還是 -50%？如何評斷？可用「β（Beta）值」或「σ（標準差）」的大小來區分，愈大代表波動愈大，帶給你的報酬會正愈多，也會帶給你負愈多。

挑配息基金》配息滿意，波動接受

　　而在挑配息基金時，請重視波動度。你絕對不想挑一檔雖然配息率很高，但其淨值長期趨勢向下速度很快的基金，這樣你能抱得住嗎？更別說要長期投資了！因此挑此類配息基金要記住的金句就是：

　　1. 高配息一定高風險。
　　2. 必要能做到「買債 3 要素」再投資：①以配息為目的；②不在乎淨值的波動；③長期投資（10 年以上）。
　　3. 以「配息滿意，波動接受」原則來挑配息基金。

投資小知識 Beta值、標準差，數值愈大代表波動愈劇烈

β（Beta）值

用來衡量該基金相對於整體市場的波動性，大於 1 代表波動性高於市場，小於 1 則代表波動性低於市場。波動性愈高於市場的基金，在大環境出現大事時，漲跌幅都會比整體市場更明顯。

σ（標準差）

指的是該基金過去一段時間的報酬率，與它平均報酬率的差距。數值愈高代表波動性愈高，數值愈低則波動性愈低。

1-2

近30年屢戰屢勝
必定遵守的4大投資要訣

有人問我:「老師,要怎麼樣才能像你一樣,風暴來了仍然能處變不驚?」投資以來近 30 年的歲月,我歷經了 1997 年亞洲金融風暴、2000 年網路泡沫化、2008 年金融海嘯、2010 年～ 2012 年歐債危機、2015 年陸股暴跌、2018 年中美貿易戰、2020 年的新冠疫情、2022 年俄烏戰爭⋯⋯幾乎是每隔 2、3 年就會發生大環境造成的股市重挫。

老實說,剛開始我也無法處變不驚,我跟大家一樣,遇到風暴來襲,恐懼過、也貪婪過。但是事後我把這些風暴,都當成學習的機會,從中領悟眉角,久了就體會獲利的訣竅,並訂定了自己的投資哲學與方法,而其中最重要的就是「紀律」。我永遠堅持的投資要訣是:

要訣1》確立投資目的

1. **想賺資本利得**:以股票型基金為主,並採定時定額投入。
2. **想長期投資創造現金流**:以配息基金為主,並採單筆投入。

要訣2》方法確立後必定紀律執行

1.定時定額：必定堅守停利不停扣。2020 年疫情來襲前有些已有停利，2008 年金融海嘯來襲前一樣有停利，自然少了恐懼。

2.單筆是為長期投資：買債必定遵守「買債 3 要素」（詳見4-2）。不要天天看淨值，不要在乎淨值的波動。

要訣3》不同投資方法有不同的產品挑選要訣

1.定時定額：必挑扣款過程負的長度及負的深度自己可接受的基金，而且要想像從高點扣起後會面臨的最差狀況。

2.單筆是為長期投資：一定用「配息滿意，波動接受」條件挑配息基金。

要訣4》堅持不懂的東西不碰，絕對不要借錢投資

基金產品琳琅滿目，愈熱門的愈受歡迎，但是不懂的基金絕對不要碰，只買自己看得懂的東西。而且一定要堅持「不要借錢投資」，投資也需要量力而為。

努力改掉2毛病，才能脫離賠錢宿命

如果總是覺得自己投資老是賠錢，先判斷以往的做法，是否犯了以下這 2 個毛病？

毛病1》愛跟風買熱門標的，每次都買高賣低

看到別人因為投資什麼標的賺到錢，就一窩蜂跟風，結果必定單筆都買在高點，定時定額也是從高點起扣，大暴跌來了，怎能不恐慌？結局自然就是在最低點賣出。

我也經常在高點開始投資，但我為什麼不會恐慌？以下分別從定時定額和單筆投資來說明：

1. 我的定時定額投資，只要停利後必定也是從高點起扣，但我為何不會恐慌？因為該基金扣款過程負的長度及負的深度是我能接受的。

2. 我單筆買的配息基金，也可能會買在相對高點，但我事先都想清楚了，堅守買債3要素，用「配息滿意，波動接受」挑的基金，我不會在這種慌亂中急忙出脫。會想急忙出脫的人，就是你根本沒有好好地 check 這檔基金自己是否「配息滿意，波動接受」？那就更不可能做到買債3要素了。

毛病2》漲到高點時捨不得停利

2020 年疫情來時，股市大跌後又急速反彈，而後許多國家的股市都創了新高，縱使最先陷入重災區的中國也是漲的。接著 2022 年各國股市又面臨空頭來襲，2023 年繼續重返多

頭⋯⋯。

再回想 2008 年海嘯來襲前,股市也都在高點,手中許多基金報酬率好得很,但是在股市大漲時捨不得停利的人多得是,原先訂好的停利點一改再改,深怕少賺讓自己懊惱。結果,卻在高漲後的暴跌中戰勝不了心中的恐懼,拋了、停扣了,正是所謂的「有利不停,有損拚命拋!」

我的投資很單純,也很簡單——確立目的、選定方法、挑對基金,最後就只剩靠紀律執行了。大風大浪不知碰過幾回合了,我確定這樣的投資可以安穩睡覺。若你過去沒認真想過這些要點的人,每一次的風暴,都是讓大家可以重新思考的機會。

1-3

不猜低點、定時定額持續扣安度負報酬期間

經歷了 2020 年股市 V 型反轉，股市一路衝破天際後，到了 2022 年開春後又一直狂跌。隨著 2023 年以來股市回神，有人說，應該「避開下跌波，相對低點再開始進場」，就可以避開先前那波下跌超過 20% 的損失。這一段話現在看來，對於 2022 年下半年最低點時進場的人來說，真是太對了，至少能避開這半年痛苦的折磨。但是我不會，也不這樣做。

我的定時定額投資從不停扣（但前提是我要的好產品），高點扣、低點也扣。因為是定時定額、是長期投資，並不會只扣款 3 個月或 6 個月，扣 2 年～ 3 年才看到獲利是稀鬆平常的事。這是我認知的定時定額，也是一直教大家的定時定額。而別人對定時定額有其他的解釋與做法，自然不與我的方法比較。

投資追求的是最終能壯大本利和

如果你是一直在定時定額的人，難道下跌的期間你就停扣

嗎？然後一直等到半年後跌到最低點時再續扣？如果你是一個剛要起扣的人，等了半年再開始扣款，那麼過了 1 年、2 年……後，最終的差別是什麼？報酬率可能比較多，但是累積的本利和與獲利的絕對金額也比較少不是嗎？

講白一點，從高點開始扣款，遇到股市下跌，可能會看到帳上報酬到 -20%，心中多少會難過、覺得折磨，但只要拿錢出來投資，這些過程終究是要經歷的。

能夠預知低點，自然可以免除這些折磨，不過，你真的有辦法知道最低點在哪裡嗎？而如果能預知低點進場，也不需要定時定額了，直接押身家單筆買進不是可以賺最多嗎？

事實是，沒有人能真的知道最低點會出現在何時，所以我們才需要利用定時定額去分散進場的成本。既然是定時定額，還要在乎進場點會不會太累了？

要知道，定時定額本來就是會扣在高點，也會扣在低點，從高點到低點的過程中，就一定會看到負報酬，所以不用期待過程舒服又能賺到錢。我很確定，投資要的就是「壯大本利和（本金＋獲利）」，所以我可以忍受定時定額過程的不舒服。能認同我的投資人，會明白這就是定時定額的真義。

若你有自己其他看進場點的方法，也請不用來質疑我，你我所說的不是同一件事，不用比較。如果你還是想等低點進場，那就去請教懂得擇時進場的高手，人人都可用自己認為會賺錢的方法盡情的投資。

面臨負報酬，是投資必經過程！

縱然面臨負報酬是投資必經過程，但我還是提出幾點經驗供你參考：

1. 新手的哀號聲總是較大，尤其是在 2021 年第 4 季才入場的，說穿了是從高點開始扣起，心靈受折磨的程度會高一點，但未來是會還你更多本利和的。也許一開始就有這樣的經驗似乎感受不太好，但這些終究會變成你投資路上的養分。對於長期做定時定額的人而言，其實會很頻繁地遇到「從高點扣起」的狀況，只是你第 1 次就碰到了而已，所以請你加油並挺住！

2. 前一波上漲有賺到錢但投入金額太少，結果一看到高點反轉下跌，就大把銀子丟下去了，下跌波時投入金額愈大、負愈多的人，心中恐懼就愈大。雖然教了大家，贖回後要基金養基金（詳見 3-13），但若你做不到心平氣和，還是再試煉吧！算清楚你的收支、每月能投多少錢，及真正的風險承受度。

3. 如果你並非新手，但就是怕跌、就是會叫，想必你要經歷的鍛鍊時間比別人長，就勇敢地碰撞吧！

若心理素質佳，可搭配2種方式擴大報酬

負報酬是必經過程，如果你擁有好的心理素質，能通過負報酬的試煉，那麼還能夠採取以下兩種方式來擴大報酬：

方式1》低點加碼

低點加碼必會讓你的報酬率比別人好，但加碼要資金，必須確保你有足夠的資金可以運用。想在低點加碼也需要勇氣，在下跌時（熊市）比的是口袋深、勇氣足，而不是比誰的口才比較厲害。

方式2》跌時適度加碼，漲回時減碼

資金若沒那般雄厚，可採取「跌到一定程度就加碼，漲回來時就減碼」的彈性措施。至於加減碼的標準可以自訂，若有系統可幫你自動完成最好，否則就要靠自己手動盯了。

有經歷 2008 年金融海嘯的人，可以回想一下當年的場景。當年買在暴跌前（道瓊工業指數 1 萬 7,000 點左右）的人，雖然一個風暴就讓道瓊跌掉 1 萬點，但是 2023 年道瓊工業指

數最高還漲到 3 萬 5,000 多點。現在回頭看，買在暴跌前的那些人只要堅持住，事後不也都賺飽飽？

「景氣必會循環，股市必有漲跌。」為什麼要忽視且不接受這個不可能改變的定律？面臨負報酬，是投資必經的過程，不管你最終選擇哪一種方法投資，只要具備以下 3 點就是必勝的法寶：

1. 持有優良資產。
2. 算好投資的資金。
3. 持續堅持的不停扣。

再送大家一段話：

猜底難度高，定投不停扣；
低點想加碼，勇氣要足夠；
資金不能斷，耐心和堅持；
戰勝心魔後，未來逆轉勝。

投資決策出錯時
依照4狀況找解方

　　在投資的路上犯錯了，可能是遇到以下幾種狀況：

狀況1》單筆投資的買點錯了

　　◆**說明**：定時定額買在高點，可以持續扣款完成微笑曲線，但單筆投資買在高點，要等它翻正會需要很長的時間，通常會以賠錢收場。

　　◆**解方**：既然不會看買點，就少碰單筆投資。

狀況2》無法承擔產品的大波動

　　◆**說明**：買進前貪圖當下的高配息，買進後才發現無法接受產品價格的大波動。

　　◆**解方**：牢記「配息滿意，波動接受」。挑基金前要詳細檢視 β（Beta）值，如果波動度超出自己的忍受度，就千萬不要買它。

狀況3》無法承擔負報酬時間太長

　　◆**說明**：以為定時定額投資任何產品都可以，沒想到一開始扣

款後就進入負報酬,且負報酬的時間長到自己無法接受。

◆**解方:**挑「負的時間是自己可以接受」的基金(參考基金的 1 ～ 3 軍,詳見 3-2),你才有辦法度過微笑曲線。

狀況4》買到績效相對較差的產品

◆**説明:**同類型的產品,同時間起扣,別人的都翻正了,自己的還在負報酬中。

◆**解方:**買到同類型中績效後段班的,可以學我快刀斬亂麻。但為了避免以後再犯錯,挑選前請一定挑「長期(3 年以上)、中期(1 ～ 2 年)、短期(1 年以下,詳見註 1)績效在該類型排名前 1/2 的」,如此挑出的基金相對較優。

也許還有更多種情況,而以上 4 種狀況似乎是每個人多少都會碰到的,不知道你當下都選擇怎麼做?我想,很多人在犯錯之後會什麼都不做,只想默默的等待解套,績效打平就好,因此投資人生裡有大部分的時間都在等待解套。而等待解套又死守在原基金轉,在哪裡跌倒非要在哪裡爬起來不可。我的經驗告訴我,這樣沒有比較好!

一旦發現犯錯,立刻快刀斬亂麻

我在投資上是一個快刀斬亂麻的人,一旦發現錯了,絕不留

戀。我的做法如下：

1. 不會非要等到有合適的產品才要轉申購，我會立馬賣掉，既然覺得它已不好，一刻我都不想多留。若你想要等待相對高點再出場，想要少賠一點，那就是陷入「以為自己是高手，會看高低點」的錯誤心態。清醒一點，如果你真的是高手，當初就不會套牢了。

2. 不要認為自己是「認賠殺出」，正確的心態應該是「再尋找新的市場（產品）」賺回來。在投資的路上跌倒了，不必在同一個地方站起來。

3. 必定記取錯誤不要再犯，**投資可以跌倒，但不要每次跌倒的姿勢都一樣！**

曾有網友因為買錯了基金，來請教我該怎麼辦，我的建議就是快刀斬亂麻。但是他拘泥於「買的是手續費後收型產品，綁的 3 年時間還未到，現在賣掉會被扣手續費」。明明已經知道自己買錯了產品，卻為了擔心被扣手續費，所以寧願再繼續陷

註 1：1 年以下包含 3 個月、6 個月，實務上多觀察 6 個月績效為主。

在泥濘中！

　　一般我們買共同基金時，申購時就要支付申購手續費，也就是所謂的「前收型」產品，大部分基金都屬於此類。有的基金公司會推出「後收型」產品，則是標榜申購時不用付手續費，等到投資人贖回時再依照實際持有年限收取費率不等的手續費，若持有滿一段時間（例如 3 年、4 年）則可以免手續費。

　　看起來後收型產品好像很划算，其實不然！建議大家，不要再買後收型的產品！這種產品看似投資久了，就能免手續費，但是聰明的人只要再仔細瞧瞧其他費用，會發現加總起來的費用根本就比前收型還要高！這樣有比較省嗎？能省多少？績效也不見得會比較好唷！別再迷失了。而且一旦買錯了基金想要停損，還會因為「提早贖回會產生高手續費」而不願放手，讓自己愈陷愈深。

定時定額出現負報酬，檢查2件事再做決定

　　看到定時定額的基金出現了負報酬，每每這個時候，就會有人問：「我買了〇〇基金定時定額已經負了〇〇％，是不是應該換基金？還是停扣？」其實會問這種問題都是你沒有把定時定額的觀念融會貫通。遇到負報酬時，你可以檢查兩件事：

1.你投資的市場是不是正從高點往下？

　　如果這檔基金的市場正從高點往下跌，基金出現負報酬是很正常的。定時定額既然不停扣，本就有機會扣在相對高點，隨著淨值下跌，也會有機會扣在低點。等到市場回升，完成了微笑曲線，自然就能看到正報酬了。

　　如果你覺得面對微笑曲線有壓力，可以採取「高點減碼」，也就是降低扣款金額。不要去想「等跌完了再扣」，因為你不會知道什麼時候會跌完。

2.你的基金在同類型裡績效是否殿後？

　　如果發現自己的基金是在同組後段班（看長、中、短期），就把它換掉吧！改成扣另一檔新的基金。也要記得，別把爛基金留著，且贖回爛基金後要將贖回的錢，單筆買入新基金。

1-5

釐清投資3重點 順利脫離新手村

很多人其實已經不是投資新手，但是就算已經有投資多年的經驗，一遇到風吹草動，總是會反覆詢問同樣的問題：「漲好多了，要不要停利？」「一買進就下跌，要不要停損？」「現在還能買這檔基金嗎？」等等。

也有人總喜歡複製現在最當紅投資達人的方法，買達人推薦的股票、基金、ETF，但是又不知道為何而買？適不適合自己？最終到底有沒有賺錢？賺多少？而這些問題的答案只有自己才清楚。

確立自己的投資主軸，才能尋求最大勝算

學習 ○○ 投資達人買某檔股票、某個商品，這種彎道超車的方法，看似為自己減省了很多時間；事實上，若不清楚自己的需求和風險承擔能力，那麼一輩子都會停留在需要開口問別人的階段，投資功力會一直停留在幼兒園班。

要怎麼脫離幼兒園班，真正開始培養自己的投資能力？你一定要清楚以下 3 個重點：

1. **你的方法**：單筆？定時定額？當沖？
2. **你的需求**：短期投資？長期投資？
3. **你的標的**：股票？基金？ETF ？

在確定以上 3 大重點後，你就可以根據這些條件，尋求最大的勝算，這是重點中的重點！就以我自己為例，我的投資 3 大重點如下：

1. **我的方法**：定時定額為主，單筆為輔。
2. **我的需求**：長期投資。
3. **我的標的**：基金為主，ETF 為輔。

在此條件下，我所選擇的基金標的，也許跟目前市場上最夯的基金不同，也或許跟 ○○ 投資達人不一樣，但我追求的本來就不是擁有最熱門的資產，我要求的是最大的勝算！我用適合自己的方法去投資我選的基金，最後幫助我成功地完成長期投資目標。

以我的主要投資方法「定時定額」來說，要有最大的勝算，

就要「不停扣」。要做到「不停扣」，就要選擇扣款過程自己能接受的產品，也就是扣款過程不能負太多、也不能負太久，我將基金區分為 1～3 軍（詳見 3-2），就是讓你能容易選擇。

因此投資什麼產品會不會成功，與市場現在哪一個產品夯不夯，沒有很大的相關性。至於當你想買該檔基金時，可以看看該市場是在哪一個位置？看看該基金淨值的走勢是如何？「StockQ 國際股市指數」網站有全球各種市場的指數，點進去之後就能看到走勢圖，多少也可知曉目前是高？是低？

縱使在準備開始進場的此刻，還是不會看現在是高點或低點，那就一律當成從最高點扣起。例如台股，現在開始起扣，就當成是從最高點扣起，可能經歷負的時間為 1 年～1.5 年。若每月扣 3,000 元，累積了 3 萬 6,000 元～5 萬 4,000 元後開始賺錢，問問自己能接受嗎？若可以，就閉著眼睛扣下去。

如果你心裡還是想等低點再開始扣款，那就是陷入了把自己當專家、以為自己能抓住低點的迷思。若能抓準低點，又何必苦苦每月扣 3,000 元，倒不如一次投入 3,000 萬元來得痛快些。

你可以再算一算，如果從相對高點扣起，累積扣了 1.5 年後開始賺錢，此時付出的本金是 5 萬 4,000 元。但是如果從低

點扣起 4 個月就開始賺錢，付出的本金只有 1 萬 2,000 元。隨著市場復甦回到高點，前者的本利和累積自然會比較多！

想要讓自己的投資能進階到小學→國中→高中→大學→研究所→博士班，就要學會為自己思考。

自己能執行的方法，就是最好的方法

我無時無刻都會接觸到投資人的問題，這些問題都大同小異，只是跌的時候，問的人就變多了。不管大家問了什麼，答案都離不開這個大框架——購買前選了你能接受的產品，挑一個正確又容易成功的方法，安心地睡覺，不怕醒來美股暴跌牽連全球。

這樣的投資理念如果你還是不願意，那你要去另找能教你當專家的專家了。在我的投資世界裡，我買的都是我自己可以接受的產品，用的是我最容易成功的方法，結果是：省時，省心，會存到錢並賺到錢。

不用到處尋找最好的投資產品，自己能接受的就是最好的產品；也不要苦苦追求最高報酬率或最好的方法，自己能執行的就是最好的方法。每個人有不同的需求，適用不同的方法，自

然就會投資不同的產品。

「股神」巴菲特（Warren Buffett）買股票也並非看準高低點，而是運用價值投資法並長期投資而致勝，在他看準的好股票價格超跌時勇敢貪婪。許多市場上的達人都有一套自己可以執行的方法，靠著此方法在賺錢。投資能致勝，並不是因為他是專家（永遠尋找買在最低點，賣在最高點），市場上沒有永遠的專家，只有永遠的贏家，希望你能早點領悟，免於投資路上來來回回的失敗。

分享幾個投資人常問的問題，我會給的建議如下：

問題 1：「我要訂一個方法：報酬率 10% 就停利，-10% 就加碼，這樣可以嗎？」

答案 1：下次記得，不是問我「可以嗎？」要問自己「可以執行嗎？」你要這樣想：「報酬率 10% 停利不難，難的是能否紀律執行？屆時會不會又受到市場樂觀因素影響，而三心二意？-10% 加碼看起來也不難，但跌至 -10% 加碼了，若繼續跌到 -20% 要再加碼嗎？-30% 也能繼續加碼嗎……？」

想清楚後，自然會修正成自己可以執行的方法；既然是自己可以執行的，接下來就剩下紀律與決心而已！

問題 2：「我嫌殖利率 6% 的產品配息太少，就是要買配息 15% 的產品，可以嗎？」

答案 2：可以啊！但是「配息滿意，波動接受」可真想清楚了嗎？總不能領了 6 個月的 15% 配息很滿意，結果在短短 1 個月淨值跌了 20% 之後，再來問該怎麼辦？真的只能自己看著辦了。

問題 3：「我這樣的配置比重可以嗎？」

答案 3：如何配置？比重該多少？這些不是重點，重點是你配了什麼資產？如果配置了劣質資產，看似分散，實質風險更大。例如買了美元計價及南非幣計價的基金，告訴自己幣值分散，但到底是分散？還是將資產丟入劣質的南非幣？

問題 4：「我想單筆投入，分幾批進場較妥當？」

答案 4：分批進場固然能分散風險，但前提是要有批可以分。例如可投資的單筆資金有 5,000 元，你想分幾批？

問題 5：「贖回基金時要全贖？還是只贖賺的？」

答案 5：同上，也是分批贖回的概念，其前提也是要有批可以分。例如，連同本金贖回共 2 萬 2,000 元，你想怎麼贖？

問題 6：「我想定時定額買基金，買幾檔較恰當？」

答案 6：先確定每月有多少錢可以買，再想此問題。例如，每月要扣 5,000 元，你想買幾檔？

問題 7：「每月扣 1 次好？還是 2 次好？」
答案 7：先想每月能有多少錢扣該檔基金，再想此問題。例如，每月要扣 5,000 元，你想扣幾次？

問題 8：「月初扣款好？還是月中？還是月底？」
答案 8：若有人能明確知道哪一檔股票或基金，哪天是最低點？哪天又是最高點？哪天要暴跌了？哪天又要開始漲了？他又何必要拿麥克風，到處演講上節自然後告訴你！躲在家裡自己賺不好嗎？到現在你還相信有這種人？若相信，請去追逐那種人；若不相信，不要再讓自己糾結在此類無聊的問題上了。

投資能成功，取決於有正確的心態

投資今年邁入第 30 個年頭，我深切的體會，個人投資成功與否並非多會看市場，而是你能否有正確的投資心態，進而有屬於自己的產品及方法。

市場上有許多達人會分享自己的方法及購買的產品，也常有朋友會來問這個好嗎？那個可以嗎？其實我的答案還是：

1. 了解達人如何做，他的方法你能做到嗎？
2. 了解達人如何挑選出那個產品，該產品你能否接受？

只有這樣做，你才可能複製且成功。

就以投資人最熟悉的巴菲特為例，我們來套用上述兩個問題：

1. 了解巴菲特如何做，他的方法你能做到嗎？

巴菲特的投資方法叫價值投資法，專挑價值型的股票長期投資，他說他也不看市場，不在乎短期的波動。你有沒有能力像他一樣挑出價值型股票？能否不在乎短期波動？

進一步思考，「巴爺爺」不但自己有極強的選股能力，身邊還有一群強而有力的研究團隊。你有他的一成投資功力嗎？你有專業的研究團隊嗎？

2. 了解巴菲特如何挑選出那個產品，該產品你能否接受？

只有價值型的股票（基本上都是波動不大的）才可能做得到長期投資，你能接受這樣的股票嗎？

進一步思考，很多人說自己能接受價值型股票，但是這類股票在適合買進的時候都是股價跌很慘的時候，很少人能夠接受。

大家最喜歡挑漲很多的股票，或是有高配息、最好能配 10%、
15% 的標的（不知這是超高波動嗎？），然後說：「我要長期
投資領利息！」

　　就以我自己來說，我實在學不到挑價值型股票的精髓，所以
我改研究基金，因為我做得到。

Chapter

2

打好投資基礎

2-1

基本資訊篇》
看懂折溢價、基金4大係數

有投資朋友在學習一段時間後，仍然不太清楚某些金融市場名詞的意義，導致在學習時一知半解。

在第 2 章，我將重要的金融市場名詞與觀念整理出來，希望能幫助大家學習起來更加得心應手。

金融市場的4種動物》牛、熊、黑天鵝、灰犀牛

1. **牛**：「牛市」大家很熟悉，就是指大行情非常看好，價格一直往上漲的大多頭。

2. **熊**：與牛市相反的是「熊市」，也就是大行情一直下跌，整體市場往下跌。

3. **黑天鵝**：指一件事極不可能發生，實際上卻發生了，也可說是那些無法預測的事情發生了，例如次級房貸導致 2008 年

的金融海嘯，是最具代表性的例子。

　　4. 灰犀牛：很多人不知道怎麼分辨灰犀牛與黑天鵝。灰犀牛是指原本就被預測可能發生的潛在問題，但大家不以為意，使這件事真正發生時帶來嚴重的後果。例如市場上常討論的，加密貨幣會不會導致灰犀牛事件？事實上，若能正視灰犀牛並提前設法因應，是有機會降低損害的。

折溢價》市價與淨值之間的差距

　　投資人會留意到折溢價的名詞，通常跟指數股票型基金（ETF）有關。ETF 是可在證券市場交易的被動式指數基金，其真實資產價值稱為「淨值」，在市場上交易時的成交價格就稱為「市價」。

　　溢價：市價＞淨值。例如淨值 15 元，市價 15.5 元。
　　折價：市價＜淨值。例如淨值 15 元，市價 14.5 元。

　　當商品出現溢價時，代表買方得用高於基金真實資產價值的金額買進，要是溢價太多就不划算了；反之，出現折價時，代表市價被低估。通常基金有一些折溢價（不超過 ±1%）都還能夠接受。

基金4大係數》*α*、*β*、夏普比率、標準差

1. Alpha值（*α*）

　　Alpha 值代表基金能夠創造超額報酬的程度，數值愈高，創造超額報酬的能力愈強。想計算 Alpha 值，要先透過投資組合的波動程度以及市場無風險利率，算出這檔基金的預期報酬率，再將基金實際報酬率減去預期報酬率，就是 Alpha 值。

　　因此，當一檔主動型基金的 Alpha 值愈高，代表經理人的操作（包含選股、擇時）能力愈好，能創造出更多超額報酬。但在比較不同基金之間的 Alpha 值時，絕對要用同類型互相比較才有意義。

　　主動型投資的基金，其投資人或基金經理人都期望能創造較高的 Alpha 值──多頭時能漲得比指標指數（benchmark）多；空頭時期望跌得比 benchmark 少，此種基金就是創造了超額報酬。

　　至於大家熟悉的被動型投資的 ETF，其 Alpha 值通常為零，甚至略微負值，就是因為它的目的僅是追蹤指數，不追求超額報酬。而如果發現主動型基金的 Alpha 值長期都是負值，意味著這檔基金並沒有打敗大盤創造超額報酬的能力，還不如直接投資 ETF。

2.Beta值（ β 、貝他值）

Beta 值可用來衡量金融商品（股票、基金）或投資組合相較於整體市場的波動程度。Beta 值可能是 1，但也可能超過 1 或低於 1，分別代表高波動、低波動的程度。

當基金的 Beta 值為 1，特性就類似於被動式投資（買追蹤指數的 ETF），代表波動特性跟整體大盤一致——大盤漲 1%，基金也會漲約 1%；大盤跌 1%，基金也大約跌 1%。

假設基金的 Beta 值為 1.2，意思是當指數上漲 1%，這檔基金會上漲 1.2%；當指數下跌 1%，基金則會下跌 1.2%。也就是說，這檔基金的波動程度比整體大盤高了 20%。

當基金的 Beta 值為 0.8，意思是當指數上漲 1%，這檔基金只上漲0.8%；當指數下跌 1%，基金則只下跌0.8%。也就是說，這檔基金的波動程度比大盤指數低 20%。

因此 Beta 值愈大，波動就愈大。那麼 Beta 值是愈大愈好，還是愈小愈好？倒也不是這樣比，端看每一個人喜歡波動大的基金，還是波動小的基金？也許就定時定額投資而言，有人喜歡波動大，因為有更多機會扣在低點，當基金淨值回升時也有機會獲得較高的報酬，但是持有期間就得忍受更大的折磨。

有人因為生性保守，或是基於某種需求，因此會選擇波動較小的基金，如長期領息的基金。選擇波動較小的基金，也許較能做到長期投資。因此，依然要同類型一起比才有意義。

再補充一點，Beta 值也可能是負數，通常是出現在反向型 ETF 或是公債，意味著與大盤有負相關的特質。

3.夏普比率（Sharpe Ratio）

夏普比率可用來衡量一檔基金（或某個投資組合）「每多承受 1% 的波動風險，能得到多少報酬？」

例如夏普比率 0.7，代表在承受 1% 的波動風險下，有機會創造 0.7% 的報酬率。換句話說，投資這樣的商品，若想得到 7% 的報酬，可能要忍受過程有 10% 上下的波動。大家一般會偏好夏普比率高於 1 的基金，因為承受 10% 的波動，可以獲得高於 10% 的報酬率。

在比較同類型的基金時，可以選擇夏普比率較高的，代表在承受相同風險時，有機會獲得更高的報酬，也就是 CP 值較高。

4.標準差（σ）

標準差在統計中最常作為測量一組數值的離散程度，也常用

在基金上衡量該基金的波動度。標準差愈大，代表這檔基金波動愈大（還是要與同類型一起比）。

Beta 值跟標準差一樣是衡量波動大小，兩者的差別在於標準差是該檔基金的波動大小，Beta 值則是相對於指數的波動大小。

上述基金４大係數的數值皆可透過網站查詢，詳見圖解操作。

圖解操作 透過網站比較同類型基金4大係數

Step 1 以基金資訊網站基智網（https://www.moneydj.com/funddjx/default.xdjhtm）為例，可在首頁❶右欄搜尋想要查詢的基金，此處以「富蘭克林坦伯頓世界基金 A」為例。

Step 2 進入基金頁面後，點選❶「績效評比」就可以看到基金的 4 大係數。以下分別比較富蘭克林坦伯頓世界基金 A 和摩根士丹利環球機會基金 A（美元）的資訊，這兩檔都是全球股票型基金，以近 1 年的資料來看，可以觀察到：

❷標準差：富蘭克林坦伯頓世界基金標準差為 14.17，較摩根士丹利環球機會基金的 20.09 來得低，也就是說前者的波動較小。

❸夏普比率：兩者同樣是 0.37，代表投資人承受相同風險時，所能獲得的報酬相同──每承擔 10% 波動風險，有機會獲得 3.7% 報酬。

❹ Alpha 值：富蘭克林坦伯頓世界基金的 Alpha 值為 0.58，較摩根士丹利環球機會基金的 0.82 來得低，代表兩檔基金在最近 1 年都有打敗大盤的表現，但後者的能力又略勝一籌。

❺ Beta 值：富蘭克林坦伯頓世界基金的 Beta 值為 0.89，小於 1 代表比指數的波動小；摩根士丹利環球機會基金的 Beta 值為 1.23，大於 1 代表比指數波動大。

資料來源．基智網

債券投資篇》
了解殖利率、存續期間、利差

自 2022 年美國開始連續升息以來，債券相關商品的討論度就愈來愈高。以下 5 個名詞是在投資債券時須了解的基礎知識：

殖利率》債券持有到期時的年化報酬率

只要問殖利率的意義是什麼？很多人都說不出個所以然。一般來說，在確保本金能 100% 拿回來時，殖利率會等於投資的年化報酬率，因此我喜歡這樣簡單記：殖利率＝報酬率。那麼你買債也好，買股也罷，喜歡買在殖利率高的時候？還是低的時候？顯然答案是高的時候。

任何人都想買在報酬率高的時候，何時買才能報酬率高？當然價格愈低，報酬率就會愈高。所以，你一定也聽說「殖利率與價格成反比，殖利率愈高價格愈低，殖利率愈低價格愈高」。

以上是我的簡便解釋，殖利率的正確意義，以債券而言即是：

當你擁有債券的那一天開始，一直持有至到期，所獲得的年化報酬率就是殖利率。舉例說明：

例子 1：假如你於 A 債券（面額 100 元、票面利率 5%、期間 5 年）發行當日就買它，成本 100 元，持有到期，每年配 5 元，每年報酬率就是 5%，殖利率也是 5%。

例子 2：若於 A 債券發行 2 年後才從市場取得，且這 2 年來利率走勢是下跌的，那這 A 債券就值錢了（因為配息較市場利率高），因此 100 元肯定買不到，可能要花 105 元才能買到，但每年依然配 5 元（票面利率是固定的）。此時，每年報酬率就變成 4.76%（＝ 5/105），殖利率也下降為 4.76%。

以上例子 2 正符合你常聽到的：降息時利率往下，殖利率也往下，債券價格往上。

例子 3：若也是於 A 債券發行 2 年後才從市場取得，但這 2 年來利率走勢是上漲的，那這 A 債券就變得比較不值錢了（因為配息較市場利率低），因此肯定不用花 100 元，可能只要花 95 元就買到了，但每年依然配 5 元（票面利率是固定的）。此時，每年報酬率就變成 5.26%（＝ 5/95），殖利率也上升為 5.26%。

以上例子 3 正符合你常聽到的：升息時利率往上，殖利率也往上，債券價格往下。

經過以上的解釋，若你買債券是為了賺資本利得，那就要買在殖利率高時（價格才會便宜）；賣在殖利率低時（才會賣在高價）。

美國10年期、2年期公債》價格受升降息影響大

美國公債在市場長期被公認是一個無違約風險的產品。如果美國 10 年期公債殖利率來到 5%，意味著買一個無風險的產品都可以得到 5% 的年化報酬率，那麼就會有愈來愈多人不想再去投資有風險的股票、非投資等級債券⋯⋯等。另一方面，也意味著目前美國 10 年期公債的價格跌到買點浮現了，也會導致市場出現不少波動（拋股買債）。

從字面上看，「10 年期」是 10 年後到期，代表長期；「2年期」是 2 年後到期，代表短期。大家可以這樣記：如果已知將進入升息循環，你有一筆錢要存定存，你會選擇存 10 個月？還是 2 個月？

答案是 2 個月，為什麼？因為 2 個月後到期就可以換新約了，

處在升息循環期間，就可以領到愈來愈高的利息。如果你選擇存 10 個月，那麼中間利息可能調升了幾次，你卻都只能領到較低的利率，無法享受升息的利潤。

因此，在升息循環裡，愈短的債愈能得到投資人青睞，愈長的債當然就愈會被大家拋棄。

這也是為什麼升息循環期間，10 年公債價格會跌得比 2 年期公債多（被拋棄的當然就會跌得比較多，但在升息下對公債都不利，2 年期公債還是會下跌，只是跌得比較少），降息循環時自然相反。

基於價格先行反映的原理，並不是開始升息時債券價格才開始跌，當然也不是開始降息時債券價格才開始漲，因為投資人已經知道升息或降息即將發生。因此基本上，**當升息的聲音出現時，公債價格就開始跌了**，確定升息後跌得更明顯，暴力升息時公債價格就狂跌了。自 2022 年以來的這波暴力升息的強大力道，正好可以讓大家對於債券受利率影響的理論與實務有充分理解。

同樣地，**當升息結束的聲音出現時，公債價格就開始漲了**，確定開始降息時會更明顯上漲，若是暴力降息就會狂漲了。

存續期間》拿回剩餘債息和本金的平均期間

存續期間簡單的說就是：拿回債券剩餘利息和本金的平均期間。投資債券基金的人會知道「存續期間」是一個重要的知識，但到底怎麼算？當然有個公式，但我們也別討論數學問題了，市場上總有專家會幫忙算出，我們只要負責查出來即可。

再複習一次，債券價格與利率呈反比——市場利率上升，債券價格下跌。而債券的「存續期間愈短，升息時跌幅愈小」。因此如果預期市場利率上升，投資人應該會逐步賣出債券，即縮短手上債券的存續期間。但如果預期市場利率下跌，存續期間愈長，升幅愈大。此時投資人應該會買入債券，即增加手上債券的存續期間。

至於升幅、跌幅到底有多大？存續期間就是最好的反映指標。假設有一組債券組合的存續期間是 5（年），代表利率每上升 1 個百分點，這個債券組合會下跌 5%；利率每下降 1 個百分點，則債券組合上漲 5%。

但這個漲跌幅度只是個大略預估值，而不會是實際的狀況。因為真實市場中，價格仍會反映人們對未來的預期，因此漲跌程度肯定有一定的誤差存在，結果不會完全如同公式計算出來

的結果。

　　也有人認為實務上，「修正後的存續期間」比較好用，只要
將存續期間除上「1＋殖利率」，就可以得到修正後的存續期
間，就可以知道這檔債券受殖利率的影響會有多少。

　　總結大概如下：

　　1. 存續期間愈長的債券，受利率影響的敏感度就愈大，利率
變動時易有大波動。反之，存續期間短的債券，受利率影響也
比較小。簡單來說，**長期債券利率風險高（大漲大跌），短期
債券利率風險低（小漲小跌）。**

　　2. 未來利率若上升超乎預期時，存續期間高的債券下跌比較
多，存續期間低的債券下跌比較少。反之，未來利率若下降超
乎預期時，存續期間高的債券上漲比較多，存續期間低的債券
上漲比較少。

利差》債券高於無風險美國公債的利率差距

　　投資債券的人都知道，常會出現「利差」這兩個字，它是我
們在買債券基金必須了解的名詞。

前面提到我喜歡簡單把殖利率記成報酬率，而利差我喜歡簡單記成「利潤」。利差愈大，利潤就愈大，那價格就愈低；利差愈小，利潤就愈小，那價格就愈高，因此你該知道要買在利差大的時候（價格低），賣在利差小的時候（價格高）。

利差的定義，從投資相關書籍或網路上都可以查到詳細介紹，簡單說就是一檔債券高於無風險美國公債的利率差距。我用比較實務的說法解釋如下：

假如今天美國非投資等級債券的利差是 4.6，代表如果你去買美國非投資等級債券，利潤會比買美國公債多 4.6 個百分點的利潤。假如今天歐洲非投資等級債券的利差是 3.6，意義是如果你去買歐洲非投資等級債券，能獲得比美國公債多 3.6 個百分點的利潤。因此，利差就是所有的債券都跟美國公債比較。

接下來就是要進一步了解，多了 4.6 個百分點或多了 3.6 個百分點，你滿意嗎？價格是低還是高？一般在買股票時，常常會將股價跟 10 年線（近 10 年平均股價）做比較，利差也一樣，喜歡與近 10 年平均利差做比較。例如，目前美國非投資等級債券的利差是 3.33 個百分點，近 10 年平均利差是 6.29 個百分點，且 10 年來最高及最低利差為 19.88 個百分點及 3.29 個百分點，如何解讀？

美國非投資等級債券的利差 3.33 ＜近 10 年平均利差 6.29，
意思是美國非投資等級債券的價格＞美國非投資等級債券 10
年的平均價格（就是現在價格貴了）。再者，與 10 年來最低
利差 3.29 相比，只多了一點點（利差愈小，價格愈高），意
謂美國非投資等級債券價格快要接近 10 年的最高價了。

美債殖利率曲線倒掛》短天期殖利率高於長天期

這些年大家常聽到這個名詞「美債殖利率曲線倒掛」，何謂
倒掛？在正常的狀況下，短天期美債的殖利率會比長天期的低，
因此簡單的說，「**短天期美債的殖利率超過了長天期國債的殖
利率**」這種情況便稱為殖利率曲線倒掛，通常發生在市場升息
循環尾聲，也就是景氣循環將結束時，過去常被視為可靠的經
濟衰退指標。

通常市場會透過 2 組利差來判斷殖利率曲線倒掛的嚴重程度：

① 10 年期殖利率減去 2 年期殖利率。
② 10 年期殖利率減去 3 個月期殖利率。

前者是市場以及媒體最常用來觀察殖利率曲線倒掛的指標。
而 3 個月期的殖利率由於流動性較佳以及天期更短的緣故，相

較 2 年期而言其實更加貼近基準利率。3 個月期的公債殖利率
亦隱含更少的市場預期，且更貼近實體的經濟活動。因此在學
術上，3 個月期的公債殖利率相較 2 年期，對於經濟衰退來説
其實有更強的預測力。

　美國聯準會（Fed）主席鮑爾（Jerome Powell）曾在 2022
年説，Fed 的研究顯示，比較 3 個月國庫券目前殖利率，以及
18 個月後遠期殖利率曲線的「近期遠期利差」，是債市顯露經
濟即將萎縮的最值得信賴指標，因此也被市場稱為「鮑爾曲線」
（Powell's curve）。

　不管如何，2022 年 7 月已發生了 10 年期與 2 年期殖利率
倒掛，2022 年 10 月起更出現了 10 年期與 3 個月期殖利率
倒掛，而所謂的鮑爾殖利率曲線，其倒掛已出現了 2007 年以
來最大的幅度。但重要的是，縱使發生了曲線反轉（倒掛），
距離經濟衰退的時間可能從 6 個月到 2 年不等，因此投資人在
發生當下也不用過度恐慌，只要開始謹慎投資即可。

2-3

利率政策篇》
理解實施與停止QE、縮表意涵

　　常在報章媒體聽說，美國聯準會（Fed）將要停止縮表，藉此機會一起來複習這些政策代表什麼意思？常聽到的相關名詞有「QE」、「停止QE」、「縮表」、「停止縮表」，以下我盡量用淺顯易懂的方式說明：

實施QE》聯準會提供資金買入債券

　　「實施QE」指 Fed 每個月固定拿一筆現金到市場上買債券，比如說，每月拿 100 元到市場上買入 100 元的債券。如果一共實施了 1 年，結果就是市場上會多出 1,200 元的現金，同時 Fed 的資產負債表上也會多出 1,200 元的債券。

停止QE》停止購債，但維持帳上債券金額

　　「停止 QE」指從此 Fed 不再多拿錢出來買債，市場上此時還是維持 1,200 元的現金，Fed 的資產負債表上依舊維持

1,200 元的債券。但 Fed 資產負債表上 1,200 元的債券會到期，假如其中有 300 元到期，這時 Fed 會將債券到期所拿回的本金 300 元再拿到市場去買債券。以此類推，只要有債券到期，Fed 就會將本金再回頭到市場買債券。

這樣的結果就是：市場一直維持 1,200 元現金不增不減，Fed 資產負債表上的債券也一樣是 1,200 元不增不減。

實施縮表》可分為積極、穩健型

「實施縮表」分為穩健與積極兩種：

1.穩健縮表
舉例來說，Fed 資產負債表上有 1,200 元債券，只要有到期的，例如到期了 500 元，就不再回頭到市場買債券，而是把現金 500 元收回。

這樣結果就是：市場的現金減少了 500 元，剩 700 元。Fed 資產負債表上的債券也一樣減少了 500 元剩 700 元。

2.積極縮表
不等債券到期，直接訂定每月要縮 1,000 元，其中可能有

些尚未到期，但仍然定期拿到市場上售出。

停止縮表》停止減少債，維持帳上債券金額

「停止縮表」表示如果現在 Fed 的資產負債表中債券剩下 700 元，若再有債券到期，那麼 Fed 就會將拿回的本金，再回頭到市場買債券。

這樣結果就是：市場一直維持 700 元現金不增不減，Fed 資產負債表上的債券也一樣 700 元不增不減。

從上述的說明，應該可以清楚知道，從 QE →停止 QE →縮表→停止縮表，貨幣政策就是：寬鬆→較不寬鬆→緊縮→較不緊縮，大家明白了嗎？

如果要再深入研究，就是 Fed 每次都買什麼債，會牽連該債券的價格或相關事項，譬如當 Fed 停止縮表，就是要將到期的不動產抵押貸款證券（MBS）所拿回的本金，改為買公債。至於買長期公債還是短期公債倒沒說明。

如果是買短期公債，那麼短期公債的價格會上揚，其殖利率會下滑，長債殖利率減去短債殖利率的差距會變大，屆時應該

可以解除長短期殖利率倒掛的警報吧！

依歷史經驗，Fed會依3步驟減少購債再升息

依據歷史經驗，Fed 先減少購債再升息，大約有 3 步驟：

①前置期：釋出減債訊號。
②逐步縮減購債規模至退場。
③升息。

回顧前一次：

① 2013 年 5 月時任 Fed 主席柏南奇（Ben Bernanke）暗示將縮減購債規模。
② 2014 年 1 月縮減購債。
③ 2015 年 12 月 Fed 升息。

當下股市的變化：

◆2013 年 5 月出現縮表恐慌，道瓊工業指數跌 4.87%，標普 500 指數跌 5.76%，NASDAQ 指數跌 5.18%。
◆2015 年 12 月升息後，道瓊工業指數跌 13.18%，標普

500 指數跌 12.84%，NASDAQ 指數跌 17.27%。

◆然而，之後美股卻走了多年的多頭。

面對升息，回歸最初投資目的與方法

許多人只要講到要升息了，都會問 2 個問題：

問題1》目前股市也在相對高點，是不是該先停利？

答案：不知大家是屬於哪一款投資人？若自認是投資高手，會看高低點，那麼自然會在相對高點停利。

若自認不是投資高手，那麼最簡單的方法就是為每一筆投資（不管單筆或定時定額）都事先設定停利點，別再因市場風向改變了。若你一直因市場風向改變，一直煩惱自己要停利與否？就確定你不是個投資高手，還是乖乖的紀律投資吧！

問題2》目前股債比要如何調整？

答案：如果你是大戶，自然會有資產配置，也會有股債比，會隨著市場調整比重。但若不是，回歸實務問題，你有需要嗎？要買債，自然一開始就是想清楚目的了，目的也不是隨時在改變啊！買債最好就是以配息為目的，而以配息為目的就要長期投資，自然不會隨著市場起伏隨時在調整。

通貨膨脹篇》
認識3種通膨及PCE、CPI指標

美國在 2022 年通貨膨脹（以下簡稱通膨）壓力大幅升高，也因此導致聯準會（Fed）祭出升息措施，希望能為通膨降溫。以下就來了解常見的通膨名詞以及基本知識：

通膨》可分為停滯性、惡性、溫和3種

通膨一般可區分為 3 種：

1. **停滯性通膨**：英文為「Stagflation」，包含了「Stagnation（經濟停滯）」加「Inflation（通膨）」，特指失業率上升（也可以用國內生產毛額（GDP）下降作為觀察指標）和較高的通膨同時發生的環境。

2. **惡性通膨**：會發生惡性通膨，通常是因為市場上大量增加了貨幣供給，但是 GDP 並未同步成長，導致物價愈來愈高。嚴重時，人民對貨幣失去信心，不願意持有貨幣，寧可持有實際

物品，導致貨幣喪失購買力，超額需求不斷推升物價。

3. 溫和通膨：溫和通膨並不嚴重扭曲相對價格或收入的物價上漲，國際間可接受的溫和通膨水準大致介於 3% ～ 5% 左右。

通膨指標》PCE、CPI、核心CPI、核心PCE

跟通膨相關的指標有以下 2 種：

1. 個人消費支出指數（PCE）：呈現物價的變動，考量「一切支出」。以醫療支出為例，PCE 涵蓋了健保、雇主以及政府補助的費用等。

2. 消費者物價指數（CPI）：呈現物價的變動，但只包含消費者自行支付的部分。以醫療支出為例，只含個人的自付費用。

CPI和核心CPI的差異

在 CPI 計算的項目當中，有些價格的波動較為劇烈，會使我們不容易看出物價的長期趨勢。因此政府通常會另外編列「核心 CPI」，以排除特定項目的影響。

編製核心消費者物價指數的方法，主要分為剔除法和統計

法，大多數國家會使用剔除法，也就是剔除價格不穩定、容易受到政策或季節性因素影響的項目。統計法則是剔除極端值。

而剔除法主要是剔除能源及食物，例如美國的核心 CPI。美國的 CPI、PCE 及核心 CPI、核心 PCE 的差值通常在 0.5 個百分點內，若超過應是通膨過高，肯定升息。台灣主要採用的核心 CPI 則是不含能源，以及食物中價格波動較劇烈的新鮮蔬果項目。

核心PCE暗藏美國升降息步調

這裡要再特別了解一下「核心 PCE」。美國 Fed 的升息、降息決策，主要看的是核心 PCE，原則大概是美國最終會讓利率水準達到比核心 PCE 高 1 ～ 2 個百分點。

例如，根據 2022 年 12 月升息後的記者會聲明，Fed 預估 2023 年核心 PCE 能降至 3.5%，以此預估最終利率將升至 3.5% + 1.5% = 5%（利率應比核心 PCE 高 1 ～ 2 個百分點，故暫以 1.5 個百分點估算），因而市場在當時就預估，美國的利率將升至 5% ～ 5.25%。

實際的情況是，2023 年 6 月和 7 月的美國核心 PCE 仍在 4% 以上，也難怪 2023 年 7 月美國繼續升息，利率已來到 5.25% ～

5.5%。如果美國核心 PCE 還是降不下來，就很難確保升息腳步會就此停止。

軟著陸、硬著陸》抑制通膨後的經濟放緩狀態

常聽到經濟的「軟著陸」與「硬著陸」，分別是什麼意思？

「軟著陸」是指經濟在高度擴張後進入高通膨，政府運用適當的措施，可讓經濟溫和放緩，回到適當成長的狀態。過程中雖會導致企業獲利下滑、失業率微幅提高，但不至於太嚴重，股市雖然表現不佳但不至於出現災難。例如 2022 年以來美國面臨高通膨的威脅而連續升息，但失業率並未大幅飆升，GDP也維持成長，也讓市場期待這次有機會讓美國經濟軟著陸。

「硬著陸」則是政府採取強硬的手段，試圖讓經濟放緩，因而導致大量失業、企業虧損以及經濟衰退，股市也會因此進入熊市。

Chapter **3**

運用定時定額

3-1

遵循SOP 4步驟
充分了解想投資的基金標的

要學會投資基金，就要先了解基金。了解基金投資什麼標的？什麼地區？基金經理人用了什麼幣別？你又用什麼幣別買它？如此才能知道此基金的風險，才知道自己是否能接受這樣的基金？若總是在基金群組、社團、臉書看東看西，看看大家投資什麼就跟風，永遠都要問：這個可以投資嗎？那終究永遠都是門外漢。

認識一檔基金，一定要遵循認識基金的 SOP 4 步驟，無論是股票或債券基金都適用，只要你好好地學會它、理解它，就能讓你充分了解一檔基金。4 個步驟分別說明如下（特別提醒，第 3 步驟不要與第 4 步驟搞錯了）：

步驟1》該基金投資在哪些地區？

投資在新興市場，必定比投資在成熟市場風險高。將該基金的月報攤開來看，細看其投資了哪些國家？阿根廷、土耳其、

南非、委內瑞拉、墨西哥，甚至非洲你聽都沒聽過的國家……
難道這些是風險很低的國家嗎？如果你是求穩定，那麼投資成
熟市場如美國，或是把範圍擴大到全球市場，都是相對省心的
選擇。

步驟2》該基金投資哪些標的？

從基金名稱就可以知道這檔基金投資哪些標的。如果要更詳
細了解，可以查詢該基金的「持股分布」。常見的標的不外乎
以下 2 大類：

1. **股票**：可能又會細分為大型股、中小型股、成長型股票、
價值型股票，以及不同產業的股票（如科技股、公用事業股、
能源類股票……）等。

2. **債券**：又分為公債、投資級公司債、非投資級公司債等。

上述未提及的其他基金產品介紹詳見第 6 章。

假設投資公債。雖是公債，一般投資人總認為不會倒，但也
要看是哪一個國家的公債？投資的比重是多少？難道投資阿根
廷、土耳其、南非、委內瑞拉、墨西哥，甚至非洲你聽都沒聽

過的國家公債，讓你這麼放心嗎？

步驟3》基金經理人用什麼幣別買這些標的？

　　基金經理人用什麼幣別買這些標的，這跟你選擇美元計價、歐元計價、南非幣計價不同。印度基金的基金經理人當然是用印度盧比買印度股票；中國 A 股基金的基金經理人當然是用人民幣買中國股票……你買這些基金自然要承受印度盧比、人民幣的匯率風險，而這些匯率風險就是每天反映在基金淨值裡。

　　最該留意的是新興市場債券基金，基金經理人到底用什麼幣別去買新興市場的公債？

　　如果是用美元去買，你承擔的是美元的匯率風險，如果是用當地貨幣去買的（觀察基金月報的「貨幣分布」就知道了，貨幣的分布就是基金經理人購買基金資產時需要使用的貨幣，只是有些基金月報沒有揭露，可以詢問銷售機構或基金公司），就必須思考新興市場當地貨幣波動是你能承受的嗎？與你選擇美元計價可是大不同。

　　你可能會聽到基金銷售員這麼說：「公債不會倒，是保本的商品。」但是用當地貨幣買的，保本的就是當地貨幣，再換回

美元或新台幣時，匯率可能會賠很多。這幾年沒聽人家說嗎？南非幣定存存了 5 年，拿了很多利息，但匯率虧更多，更不用說其他更冷門的弱勢貨幣了，但公債真的不會倒嗎？阿根廷的公債都違約 9 次了。

步驟4》你選擇用什麼幣別投資這檔基金？

投資人選擇的計價幣別是反映在每天基金淨值，或贖回時再換回新台幣的匯率風險。例如，選擇美元計價的印度基金，其買的是印度股票，自然是用印度盧比買的。每天算淨值時，第 1 步是算印度盧比的淨值，再將印度盧比的淨值換算成美元的淨值（這時匯率風險就產生了）。當贖回時又將美元換回新台幣，再產生匯率風險。以此類推，就該知道像是「南非幣計價的美國非投資等級債券基金」所要承受的匯率風險了。

要特別強調，步驟 3 與步驟 4 的不同。

在步驟 3 當中，若查看該基金月報中的貨幣分布，美元占比很高，意思就是該基金的標的大部分都是用美元購買，那麼整個基金的匯率風險就是美元，匯率風險相對小很多。此種基金在名稱上，常被直接稱為「新興市場債券基金」或「新興市場強勢貨幣基金」。

　　若查看該基金月報中的貨幣分布,皆為許多新興市場國家的幣別,意思就是該基金的標的大部分都是用這些新興市場國家的幣別購買,那麼整個基金的匯率風險就是這些新興市場國家的幣別,匯率風險當然非常大,此種基金名稱常被稱為「新興市場本地貨幣債券基金」或其他類似名稱。

　　在步驟 4 當中,指的是你個人在挑基金時選擇美元計價、歐元計價、澳幣計價或南非幣計價……等,依據個人選擇的幣別不同,個別承擔不同的匯率風險。

　　所以,「○○ 新興市場本地貨幣債基金（美元計價）」是屬於什麼?不用 check 步驟 3,只要從名稱就能知道這是一檔新興市場本地貨幣債基金（匯率風險很大）。只是你選擇美元計價,因此淨值看美元、配息拿美元,你個人要再承擔的匯率風險就是:美元兌新台幣的匯率波動。

　　若你買的是「○○ 新興市場本地貨幣債基金（南非幣計價）」,則淨值看南非幣、配息拿南非幣,你個人要再承擔的匯率風險就是:南非幣兌新台幣的匯率波動。

　　步驟 3 是所有購買的人都要承擔的風險,步驟 4 則是依個人選擇的幣別,還要再承擔的風險。

判斷波動度範例1》新興市場與美國股票型基金

只要能根據上述 4 步驟了解一檔基金，就能大致判斷這檔基金波動的大小（風險的高低），進而問自己是否能接受？我們用一檔「巴西股票型基金」與一檔「美國股票型基金」來實例走一回，也實際比較看看。

步驟1》該基金投資在哪些地區？

巴西股票型基金：投資地區為巴西。

美國股票型基金：投資地區為美國。

很明顯的，前者市場波動大、後者市場波動較小。

步驟2》該基金投資哪些標的？

巴西股票型基金：投資巴西的股票。

美國股票型基金：投資美國的股票。

雖然同樣都是投資股票，但是因為投資國家不同，因此前者波動較大、後者波動較小。

步驟3》基金經理人用什麼幣別買這些標的？

巴西股票型基金：用巴西黑奧投資巴西股票。

美國股票型基金：用美元投資美國股票。

很明顯的，前者幣別波動大、後者幣別波動較小。

步驟4》你選擇用什麼幣別投資這檔基金？

巴西股票型基金：你應該是選擇用美元計價或新台幣計價（若是國內投信發行的基金會有新台幣的幣別選項）。

美國股票型基金：你應該是選擇用美元計價或新台幣計價（投信發行的基金有此幣別選項）。

總結來說，巴西股票型基金的波動度遠遠超過美國股票型基金。你可以思考，這樣的產品作為你的投資選項，可否接受？如果你接受了，那麼當巴西股市在大跌時不能抱怨、不能驚慌、不能恐懼……因為它本來就會這樣。當美股大跌時，巴西股市會跌更多。產品無罪，若你認為這次是錯誤的投資，那麼錯誤的是你不了解它，根本不能接受它，但卻買了它。

再者，有時看到巴西股市指數明明是漲的，為何你買的巴西基金淨值卻是跌的？除了投資個股有影響外，還有一個重要因素是跟上述步驟3有關——因為巴西黑奧貶值了。當天該基金所買的股票的收盤價是巴西黑奧，也就是基金會先用巴西黑奧結算當天的淨值。但不管你選擇的是美元計價或新台幣計價，

終究當天的巴西黑奧淨值最後都要換算成美元或新台幣的淨值，因而吃掉了你的報酬率。

有些人總是天真的認為，那麼為什麼上述步驟 4 的基金計價幣別，不能多一個「巴西黑奧」計價選項就好？讓淨值每天都呈現巴西黑奧計算，也就不會有天天換算貶值的影響了。這樣也太鴕鳥了，難不成你贖回的時候不用換成新台幣（或美元）？屆時巴西黑奧換成美元或新台幣，匯率又是多少？只有等待媽祖來託夢了！

以上就是大家在買基金時總是一直想：到底選美元計價好？還是澳幣計價好？還是南非幣計價好？還是人民幣計價好？還是直接換成美元、澳幣、南非幣、人民幣去買比較好？你無非是在找尋哪一種能在匯率上賺到錢？如果你這麼專業都能預估準確（不要忘了，不是預估 3 個月後，而是很久很久之後），我想央行總裁非你莫屬！

我投資很簡單，一來怕麻煩，二來不想波動大，因此我不會有「直接換成美元、澳幣、南非幣、人民幣去買」的念頭。既然不想基金波動大，就都挑美元計價或新台幣計價，這是我要的，所以選擇這樣做，你要什麼呢？只有你自己最清楚，好好的想清楚再投資吧！

判斷波動度範例2》新興市場債券基金

我們再用一檔新興市場本地貨幣債基金來檢視一遍。

步驟1》該基金投資在哪些地區？

新興市場本地貨幣債基金，投資的是新興市場。雖是新興市場，但投資了哪些國家還是很不一樣的。投資人可以透過查詢該基金的月報，細看其投資了哪些國家？例如阿根廷、土耳其、南非、巴西、越南、泰國……。

步驟2》該基金投資哪些標的？

新興市場債券基金通常會同時投資公債和公司債。其中，有人看到新興市場公債會覺得很放心，認為畢竟是政府發行的債券所以很安全。不過，雖是公債，也要看是哪一個國家的公債，投資的比重是多少？難道投資阿根廷、土耳其公債讓你這麼放心嗎？

步驟3》基金經理人用什麼幣別買這些標的？

基金經理人明明是用當地貨幣去買的，但是，難道你不知道這些貨幣波動大嗎？再強調一次，用當地貨幣買的，保本的就是當地貨幣。若當地貨幣貶值，再換回美元或新台幣時，在匯率上肯定就賠很多了。

步驟4》你選擇用什麼幣別投資這檔基金？

常見的有美元計價、歐元計價、南非幣計價……等選擇。

如果你在投資前有稍微做一點功課，只要是看到「新興市場」，或是強調「高配息」，就該知道這會是一個高風險的投資。我知道，很多人會想要投資「高配息的新興市場債券基金」，是因為它的配息多，而且銷售人員還要強調「未來新興市場貨幣看漲」。

銷售人員可能也沒騙你，或許依當時的情況，新興市場貨幣有上漲的機會，但這些新興市場貨幣本來就是說漲就漲，說跌就跌，就算是匯率專家，也很難充分掌握匯率的變動。

你如果長期投資要配息，肯定會碰到新興市場貨幣無時無刻的漲來漲去、跌來跌去；如果是短期投資要資本利得，那就要祈禱能在跌之前就贖回。這兩種情況你接受或做得到哪一種？何況，若再碰到人性的貪婪，譬如明明說只要多久就要賣，但每月豐厚的配息讓你捨不得，那就很容易變成原本能獲利出場，一轉眼又套牢的狀況了。

3-2

先按1～3軍選市場
再挑出績效資優生

定時定額最高指導原則是「停利不停扣」，包含兩個重點：
不能停扣，且適時停利。我們先來談談怎樣才能做到不停扣？
首先，要能挑對產品，以及做好資金分配。

先來談談怎麼挑對產品。要挑會漲的嗎？就算會漲，也不是
天天漲，投資過程一定有漲有跌，所以沒這麼單純，應該要挑
「過程自己能接受的」。

挑基金前，先想好自己能接受負多深？負多久？

常看到投資人會停扣基金，除了因為沒有錢繼續扣之外（所
以資金要分配好），再來就是過程中負太多及負太久，以致心
中恐懼終致停扣，所以你到底能接受最多負到多少呢？-10%？
-20%？-50%？而期間能接受負多久？6個月？1年？3年？
還是5年或更長？我想這些都是自己必須知道你內心的密碼到
底是什麼？

1.負多深？

如何判別一檔基金可能會負到多少，就是看基金的波動度有多大，波動愈大就會漲愈多，相對也會跌愈多。要觀察基金的波動度，關鍵數字就是「Beta值（β）」，數字愈大波動就愈大。

何謂大？何謂小？我喜歡跟同類型基金比一比，自然可以略知是比其他基金大或小？要選波動大，沒問題，但要接受啊！不能投資一半再投降，那成功就會離你愈來愈遠了。

2.負多久？

再來談談如何判別一檔基金可能會負多久？這攸關該市場、該產業景氣循環的長短，每一市場（或產業）都有多空（牛熊），但有些是牛長熊短，有些牛熊差不多長，有些又是牛短熊長。若你不想負的時間太久（也就是等待翻正的時間），那肯定要挑牛長熊短市場（或產業），牛熊差不多一樣長的可能一般人也還行，唯獨牛短熊長真的會讓人等到天荒地老、懷疑人生。

有人會說牛短熊長的市場（或產業）就挑其低點時才開始起扣就好，也就可以少等一半的時間，那就要刻意挑黃道吉日囉？但大部分的投資人都是高點起扣，尤其小白（編按：指投資新手），因為小白總是看別人賺了，而且賺了很多了才心動，這時往往是高點。其實老手也常常都是高點起扣啊（如我），因

為我們執行停利不停扣，停利時也在相對高點，但我們就會挑牛長熊短市場（或產業），這樣就能永保安康了。

依照多空循環時間，將基金分為1軍～3軍

為了讓大家能釐清各個市場（或產業）其多空循環的時間，我將投資人常買的基金分為 1 軍～ 3 軍：1 軍代表牛長熊短、2 軍為牛熊期間差不多長、3 軍為牛短熊長。

我分類的標準是從「高點」扣起，其過程負的長度（時間）及負的深度（報酬率有多差），比較最終的約略報酬率。簡單來說，將過去 10 年～ 20 年間，該市場或產業空頭與多頭的時間做比較，多頭時間愈長的為 1 軍，多頭時間愈短的為 3 軍。

在此提醒大家，定時定額的基金是以賺資本利得為目的，因此，**此分類適用於股票型基金**（或平衡型基金），不適用以配息為目的的所有配息基金。以下年份代表從高點起扣等待報酬率翻正的時間：

1軍》牛長熊短

1 年～ 1.5 年：美股、台股。

1 年～ 2 年：全球科技（或美國科技）。

若美股基金及全球科技（或美國科技）基金都買，那美股基金盡量挑科技類股持股不要超過 50% 的（目的是把這檔基金與全球科技（或美國科技）做區別）。

2軍》牛熊期間差不多長

1.5 年～ 2.5 年：日本基金、印度基金、越南基金、新能源基金。

1.5 年～ 2.5 年：亞洲區域型基金、歐洲基金、健康護理基金、生技基金、東協基金。

2 年～ 4 年：中國基金。

3軍》熊長牛短

5 年～ 10 年：拉美基金、東歐基金、能源基金、礦業基金、資源基金、黃金基金。

了解上述的分類後，就可回頭思考：如果你想要開始扣一檔基金，你會選擇什麼基金？如果你現在有錢想加碼，你會選擇什麼基金？如果你目前扣的基金是屬於 3 軍或 2 軍，你會想要再加碼攤平嗎？

另外也請記住：1 軍的基金不是不會跌，3 軍的基金也不是不會漲，只是從高點買起等待的時間區分罷了！

表1 2012年～2021年台股基金表現優異

基金類型	報酬率（％）			
	2 年	3 年	5 年	10 年
台股科技型基金	75.64	114.43	182.37	405.56
台股一般股票型基金	64.10	97.72	159.15	337.83
台灣中小基金	66.36	90.76	124.18	257.65
全球科技基金	24.12	50.32	99.11	244.92
美國基金	20.72	47.61	91.14	212.39
新能源基金	32.60	51.59	78.79	109.97
中國基金（A 股）	20.72	39.49	52.09	75.00
歐洲（不含英國）（歐元）	24.57	36.32	49.89	90.02
健康護理基金	20.94	28.75	45.20	97.24
美國小型股基金	20.79	27.23	39.95	N/A
日本基金（日圓）	10.58	20.12	33.25	96.17
非必需消費基金	5.76	17.58	33.10	101.35
印度基金	29.28	29.20	31.16	65.73
金融股基金	21.33	23.22	28.88	60.52

選定市場後，挑同類型績效前段班基金

定時定額除了不想等太久外，想必也不想比別人差吧！跟朋友同時都選了台股基金，為何他賺 30%，自己只有 10%？因為你少考慮了一點：選基金還要在同類型中績效靠前，也就是，

──各類型基金定時定額報酬率比較

基金類型	報酬率（%）			
	2 年	3 年	5 年	10 年
REITs 基金	17.75	18.16	28.74	50.22
元大台灣 50（0050）	12.75	23.81	27.74	140.54
亞洲不含日本	4.98	10.02	17.06	30.59
生物科技基金	-0.43	6.29	13.13	48.46
元大高股息（0056）	3.51	10.05	12.43	79.79
東協基金	8.12	4.45	4.42	13.25
投資等級債券基金（累積型）	-1.76	-0.99	3.35	12.38
非投資等級債券基金（累積型）	2.61	1.37	2.64	12.09
新興市場債基金（累積型）	-1.62	-2.20	-0.10	8.05
中國基金（H 股）	-18.61	-13.89	-1.33	57.77
新興市場本地貨幣債（累積型）	-7.20	-8.99	-9.73	-11.07

註：1. 資料日期為 2012.01.01 ～ 2021.12.31；2. 皆為定時定額原幣別報酬率（含息）；3. 因美國小型股基金無 10 年報酬率，故依 5 年報酬率排序
資料來源：SITCA、元大投信投資組合試算器

選好要投資的類別或市場（例如台股的一般股票型）後，在該類別中選長（3 年以上）、中（1 年～ 2 年）、短（1 年以下）期績效前 1/2。實際操作方式詳見文末的圖解操作 ❶、❷。

選基金時，還可進一步比較 5 年、10 年報酬率。畢竟買哪

一類好？可不可以買這個？總歸是效益及報酬率的問題。我把 2012 年～ 2021 年試算的結果呈現如表 1，接下來你要選哪一類當定時定額標的，就自己決定吧！

　　表 1 中的試算期間為 2012 年 1 月 1 日～ 2021 年 12 月 31 日，以 2 年、3 年、5 年、10 年報酬率為主，並在各類別的基金中找報酬率相對好的基金試算。在這段期間曾出現台股、新台幣雙強情況，因此會發現縱使 1 軍的美股或科技型基金，都輸台股基金。

　　定時定額是長期投資，大家要比較 5 年、10 年的報酬率，不要只貪圖 2 年、3 年甚至 1 年的報酬率。

優先投資1軍，不怕從高點扣起

　　由以上的試算結果，應該可以歸納出幾個重點：

　　第 1，1 軍的基金你該長期擁抱它，更不用怕從高點起扣，且不吝將停利點設定在「仰天長笑」等級（累積報酬率 100%），甚或都不要賣也行，待需要用錢時再說。

　　第 2，要把 1 軍的基金停利點都設定在仰天長笑等級，或許

對有些人也困難。你可以先試著挑選 1 ～ 2 檔實施，其餘設定為大微笑等級（累積報酬率 40% ～ 50%），也就是用大微笑支撐仰天長笑的概念。

第 3，3 軍的基金總是慘不忍睹，不太適合散戶定時定額，此類基金更適合波段操作，但前提是你要有波段操作的能耐。

第 4，2 軍的基金若都要設定「仰天長笑」等級，其效益沒有 1 軍那般強大，所以設小微笑～大微笑為宜，或許用 2 年的累積報酬率可以當作停利點的參考。

第 5，所有你想要領配息的基金（不管股票型、債券型、平衡型或 ETF），與其拿來當定時定額的標的，不如先定時定額 1 軍的基金，用 5 年或更長的時間認真累積資本，將來累積到一大筆錢，想要透過配息型基金領取現金流時，再伺機單筆買入。

最後，談談網友常討論的 3 軍基金，也就是原物料相關基金的問題，包括：「人類生存活動中或多或少都會使用到原物料，一直都有需求的經濟效益，為什麼原物料基金會沒有賺頭呢？」

有需求不代表股價就要一直漲，蘋果公司的手機 iPhone 一直都有人買，為何有時股價還是會跌？口罩也一直有需求，為何

出現疫情才業績大爆發？

原物料的大多頭是 2003 年～ 2008 年，那一波是想像金磚四國會創造龐大需求，而中國當時的確有強勁的成長，但如今呢？就算現在有需求，能再創造比之前更多的需求嗎？很顯然是不能。既不能，那要如何讓股價節節往上？股價代表的是未來的價格，若未來的需求比過去少或少很多，股價只能趨於平淡或節節敗退。

也有人說，「很多人買礦業基金賠錢，為什麼也還是有人賺到錢？」的確如此，投資台積電（2330）有人賠，投資宏達電（2498）也有人賺，但宏達電買在 1,000 元以上，自然要勸他別堅持了，難道還要一直加碼攤平？重點是你攤得下去嗎？而會發問求救的都是從高點買的人，我自然要建議他們「捨」。

再度說明我歸類 1 軍、2 軍、3 軍的原則：

1. 是以定時定額為主，且從高點扣起（因為大部分的人都是從高點扣起）。

2. 等待時間愈短的就被歸為 1 軍，愈長的就歸為 3 軍（5 年～10 年）。歸為 2 軍的也許等待的時間也還可以，但報酬率不是太普通，就是不如 1 軍。

　　所以，原物料相關基金才會被歸為 3 軍。事實上，若真的從高點扣起，還真的等了將近 10 年才有起色，而又有多少人會有如此的耐心？都早早就停扣了，因此要套的時間更久，回本更渺茫，當然要早早跳脫才是上策。

　　那從相對低點扣起就好了？確實如此，但有多少人的敏感度能在低點到了再開始？總要市場回溫一大段了才有勇氣開始，因此都是從相對高點才開始扣款。

　　若不幸買到 3 軍的基金，一等，天長地久，辛苦賺的錢又打水漂了，所以一定要建議大家買 1 軍的基金，這樣才能戰戰成功啊！投資的王道不就是要「成功」？

圖解操作❶ 用投信投顧公會網站查看境內基金績效

Step 1 進入投信投顧公會網站首頁（www.sitca.org.tw），並在最左方功能表，點選❶「基金報酬率試算」。

Step 2 接著，點選網頁右上方按鈕❶「基金速配」。於❷「境內基金」下點擊❸「從基金類型尋找基金」並選擇❹「台大版本」後，點選❺「確定」。

下拉網頁，即可從表格中挑選想要查詢的基金類型，例如點選❻「一般股票型」。

Step 3 另開的新視窗中會出現一般股票型基金的績效表，條件設定為：我要看❶「前1/2」，並選擇報酬率排序時間，如❷「3年」、「1年」或「6個月」，最後點選❸「條件設定」，即可依照設定條件查看基金報酬率排名。

資料來源：投信投顧公會網站

圖解操作❷ 用FundDJ基智網查看境外基金績效

Step 1 進入 FundDJ 基智網首頁（https://www.moneydj.com/funddjx/default.xdjhtm），於上方功能表點選❶「基金排名」、❷「基金報酬排行」、❸「境外基金排名」。

Step 2 進入篩選網頁後，挑選要查詢的區域（如全球、亞洲或單一國家），再挑類別（股票型、債券型或平衡型等）。此處以❶「全球」、❷「股票型」基金為例。

若要按 3 年報酬率排序，則於報酬率欄點選❸「三年」，一旁會出現↑符號，代表報酬率由高至低排序。此時要自行整理前 1/2 的基金名單。

接著，再依相同方式分別按 1 年、6 個月報酬率排序，並記下前 1/2 的基金名單。最後歸納整理結果，挑選出 3 年、1 年、6 個月報酬率都排在前 1/2 的基金。

資料來源：FundDJ 基智網

根據資金5狀況
安排定時定額配置方式

　　「現在應該投入多少資金？投資的資金與現金比重各要多少？」這個問題大家很常問，惟我認為根本沒有硬邦邦的比重，只有原則。不要被理論綁住，投資永遠是實務問題。

不論資金多寡，皆應秉持「用閒錢投資」原則

　　就好比有 5 位投資人，擁有的現金分別是 10 萬元、100 萬元、1,000 萬元、1 億元，他們用於投資的金額會一樣嗎？當然不會。這只是金額不同，還有每個人的生活背景不同、支出不同、收入不同、投資屬性不同、資金需求時間長短不同……種種因素都決定了每個人適合的資金配置方式，自然就不會有硬邦邦的比重。唯一相同的只有一個原則——用來投資的錢，必須是閒錢。

　　股市變化萬千，沒人知道下一個空頭何時到？到時又會持續多久？因此留好生活必需的錢，其他的才可以投入，並依自己

的實際需求、狀況去配置，如此才能有一個務實又符合自己的投資組合。

也常常有人會問：「定時定額每月應該投多少錢？」我們就歸納一下5種狀況分別適用的方式，讓大家有個依據可以參考。

狀況1》有一筆閒錢，只做定時定額

若你現在已經有一筆閒錢想做定時定額，那麼不是將這筆錢分2年、就是分3年（還可以依自己的積極、保守程度調整）：

①開始扣款的當下，股市剛好處於相對低檔：分2年，共24個月。

②開始扣款的當下，股市剛好處於相對高檔：分3年，共36個月。

狀況2》有一筆閒錢，同時定時定額＋單筆

如果你現在已經有一筆閒錢想單筆與定時定額一起做（以股票型基金為主）：

①開始扣款的當下，股市剛好處於相對低檔：一半買單筆，一半分2年做定時定額。

②開始扣款的當下，股市剛好處於相對高檔：別投單筆了，

還是將那筆錢分 3 年定時定額吧！

狀況3》沒有閒錢、有固定收入，且結餘＞3,000元

　　如果你目前沒有準備好多餘的閒錢可以投資，但每月有固定的收入，且都能確保每月有 3,000 元以上的結餘，屬於你的資金投入公式為：

> 每月定時定額投資金額＝（每月收入－每月必要支出）/2

狀況4》沒有閒錢、有固定收入，且結餘＜3,000元

　　如果你目前沒有一筆閒錢，但每月有固定的收入，但花剩的錢只有幾百元，屬於你的資金投入公式要改為：

> 每月收入－3,000 元（每月定時定額投資金額）＝支出

狀況5》停利後有一筆可投資的閒錢

　　當某筆投資已經停利了，所以得到一筆錢（本金＋獲利），這筆錢想再投資：

　　①**定時定額**：將這筆錢分 3 年投入。
　　②**單筆投資股票型基金**：挑股市在相對低檔，且不用讓你等太久的市場。

了解定時定額資金如何分配後,順帶提醒一點:定時定額絕不是小額的權利!

過去或許你習慣單筆買進基金,但賠錢的次數比賺錢的次數多,而現在你認同定時定額簡單、方便、不傷腦筋、較能安心度過每一場風暴,並認同定時定額投資可以降低風險、可有效帶來收益,只是唯一遺憾的是「賺得錢不夠多」,那你也可以把「單筆投資定時定額化」。

定時定額不是小額的權利,它不是每月只能扣 3,000 元,它可以每月扣 1 萬元、5 萬元、10 萬元。投資 3 年後,同樣獲利 20%,但賺到的絕對金額卻分別是 7 萬 2,000 元、36 萬元、72 萬元,結局大不同。習慣單筆買進基金的人,可以考慮改變投資方式;已經習慣定時定額的人,則可以努力增加你的投資金額。

每月扣款金額高,把握3原則決定投資檔數

如果多了一筆閒錢可以扣款,是要多扣別檔基金?或是增加原基金的扣款金額?還有,每個月可扣款的金額較高,例如每月可扣款 5 萬元、10 萬元,要多投資幾檔基金嗎?基金組合不要超過多少檔會比較好呢?可以掌握以下原則:

1. 如果你還有沒買的好基金，你會新增？還是原基金增加扣款金額？如果是我應該是新增基金。

2. 如果想買的基金都買齊了，我會增加原基金扣款金額。

3. 重點不在買幾檔，而是有沒有買對。如果好基金有 10 檔，我也有資金可以買，那我會 10 檔都買。過去總有一些理論說：不要超過 5 檔、6 檔⋯⋯之類的，我是一向不被硬邦邦的理論框住，因為我深信投資永遠是實務問題。

另外，有人說不要超過幾檔基金還有一個理由是「太多檔則不容易管理」，現在電腦這麼發達，好一點的交易平台（多得很）會把你的投資列得清清楚楚，報酬率也很清楚，怎麼會不容易管理呢？

除了分散扣款天數，還有多種方式可分散風險

每月投資 5 萬元，是選 1 天扣款好？還是多選幾天好？如果你是為了分散扣款日，那當然多選幾天扣款好，但是多選幾天並不一定報酬率就比較好，猶如包牌不一定就會中頭獎，也可能只買一注就中了。本人一直認為這與八字有關，因此隨緣吧！

多扣幾次的目的，是為了盡可能分散成本，這應該是很多人的想法。分散的方法其實很多種，也可以這樣做：

1.5 萬元若每次扣 5,000 元，可挑 10 天扣款。

2. 若你這 5 萬元是買台股基金，何不多挑幾檔台股基金投資？台股的好基金很多的，也不一定要獨壓 1 檔啊！如果你挑了 5 檔投資，每檔投 1 萬元，每檔可挑 2 天扣款（每次 5,000元），5 檔一樣可分散在 10 天呢！

3. 每月沒有多達 5 萬元可投資，只能投資 1 萬 5,000 元，那就挑 3 檔不同種類的基金，這也可以分散的，3 檔基金都挑不同的扣款日，也是可以分散到 3 天喔！

定時定額扣款，不一定要優先挑跌深的市場

當股市不平靜時，許多基金都跌得很深，就開始有人會問：我想定時定額，是不是從跌深的開始較優？

從跌深的開始扣起確實有一些好處：不用再經歷報酬率愈來愈糟的折磨。或許等待回春的時間縮短了，也或許短期內就可微笑了。

看來似乎好處不少，確實從跌深的開始扣起，短期內若真的有報酬率，常常真的很高，但是也請想一想：

1. 你只想要這一次的短期獲利嗎？

2. 獲利後你會續扣嗎？如不好好了解該基金的景氣循環時間，會不會陷入下次再能獲利時，是要時隔 5 年～ 10 年以上？

3. 把定時定額當成短期操作的工具，不能說不對，但沒那麼恰當！

4. 雖是低點，也可能在低點盤桓很久（想清楚你要投資的是 1 軍～ 3 軍）。

因此當我任何時間挑定時定額標的時，不會把「跌深」當成重要條件，何況跌深了也不代表會很快就漲、會漲很多，還是以之前講的條件為主：

1. 可以接受的牛熊時間。

2. 在同類型長中短期績效靠前。

3. 在同類型中波動度可以接受。

3-4

排除2種基金 定時定額隨時都能扣款

定時定額最高指導原則是「停利不停扣」，意味著低點不停扣、高點也不停扣、停利後一樣也不停扣，不過有2種基金除外：

1. 你買的是產業型基金，而該產業景氣循環太長，扣款的過程負的時間太久。通常此類基金在停利後就會暫時停扣，待低點再開始扣款。例如：黃金基金從 2009 年扣款至 2019 年仍在負報酬，但有人選擇 2019 年 5 月才開始扣款，僅 1 個月報酬率就有 8%，確實可喜可賀。但除了報酬率高低吸引你外，我想賺的絕對金額才是最終的重點吧！

2. 你買的基金在同類型中績效表現落後（記得長、中、短期都要看），那就停扣它、換別檔基金吧！

投資過程不停扣的4個理由

除了以上 2 種基金外，我的定時定額都是選擇隨時隨地扣，

高點不停、低點不停、停利後也不停。而許多人最常認為停利後應該先停扣，待跌多一點再開始，這樣不但報酬率會比較高（因為相對高點沒買，成本會比較低），而且扣款的過程也縮短負的時間及負的深度。

以上的論述一點都沒錯，確實如此，但我為什麼還是選擇隨時扣呢？原因如下：

1. 可累積更多本利和：你可能重視報酬率，但我更重視累積的本金及賺的絕對金額。因為我不停扣，所以長時間累積下來投入的金額較多，縱使報酬率略比別人低，但累積本金及賺的絕對金額都會比較多。投資是為了累積財富，不是累積報酬率。

2. 避免陷入猜頭摸底的迷思：投資前，我都已經仔細思考買的基金扣款過程，負的時間及負的深度都是我可以接受的。因此即使股市開始進入空頭，也無須暫時停扣來縮短負的時間及負的深度；更重要的是，這樣不會讓我想企圖去預測市場的頭部，或嘗試去摸底。

3. 有助於判斷加碼時機：雖然我盡量不去判斷市場的最高點與最低點，不過為了擴大報酬，我仍會選擇適時加碼。而不停扣的做法，正好最容易感受市場的冷熱狀況，例如看到我的定

時定額帳上報酬率已達 -30%，可以大致判斷該市場已進入低檔區，是開始往下加碼的時機。

4. **不易花掉閒置資金**：若選擇停扣一段時間，閒置資金會增加，也很有可能因覺得可用的錢變多而亂花掉。若選擇不停扣，每個月都會持續扣款，也就比較不容易把該投資的錢拿去亂花。

沒錢續扣但市場在跌，視2情況決定處理方式

當定時定額扣到沒錢再扣時，大家都知道會犯了「不停扣」的天條。如果此時市場已經明顯往上漲了，那麼問題不大，但如果還在往下，那麼停扣終究會讓自己套牢很久，這時可依以下2情況決定處理方式：

1. **已無意再買**：那就停扣吧，但是記得要順便贖回，不要心存等到回本再贖的念頭。市場都往下了，又不續扣就無法攤低成本。現在報酬率或許只有 -20%，繼續往下就有可能到 -40%、-50%（別人有續扣的，報酬率肯定比你好），那麼屆時你要回本的時間就更遙遙無期了。

2. **有意再買，只是一時沒有錢**：如果非停扣不可只是因為一時沒錢，那就把基金先贖回一半，用贖回的錢繼續扣。

3-5

依需求設定3停利點──
小微笑、大微笑、仰天長笑

挑到好的產品,並堅持「停利不停扣」原則,是能成功獲利出場的必備條件。究竟該怎麼執行停利,是每位投資人的疑慮,包括停利點該設多少?何時該停利?太早停利少賺了不開心,錯過停利點又回檔了也很痛苦……這些問題嚴格說起來就是自尋煩惱啦!設多少、設在何時最好?其實沒有一定的標準答案。

假設同樣是投資台股市場,A 君在 1 萬 2,000 點時贖回,接著台股下跌了,一定感覺贖對了;B 君沒在 1 萬 2,000 點贖回,看到台股下跌時扼腕不已,沒想到後來竟漲到 1 萬 8,000 點,這時又換成 A 君扼腕了……。沒人能預測最高點和股市的漲跌,所以我才一直說沒有標準答案,真正的答案是:哪一種你做得到?做得到,才能真正賺到錢;做不到,一切皆為空談。

願意等待的時間愈久,可設定愈高的停利點

何時該停利?當年開始投資時,我與大家一樣都在想這個

問題，尋尋覓覓就想找出這個答案。但歷經了近 30 年，領悟了金融市場變化萬千，又到處充滿著風險，什麼時候會發生重大事件沒有人能預知，我為什麼要為一個沒有答案的問題困擾呢？投資應該是這樣吧：

先賺到錢，
再想辦法賺多一點；
歷經長久的時間都是贏家後再來向人炫耀；
體會投資沒有永遠的專家，只有永遠的贏家。

既然如此，不如把停利點掌握在自己的手中。我會把停利點分為 3 個程度：小微笑、大微笑、仰天長笑（詳見表 1）：

小微笑（如15%～20%）

投資過程中可以常常停利，因此贖回次數多、過程較不會被波動撼動心情。但最終所賺的最少，也累積最少的本利和，過程可形容為「常常微笑不常哭。」

大微笑（如40%～50%）

投資過程中停利次數比小微笑少，被市場折磨（回檔）的次數也比小微笑多。但是最終賺的絕對金額，會比小微笑多，過程可形容為：「偶爾笑且笑得比較大聲，但也必須偶爾哭。」

表1 停利點設的愈高，忍受波動的期間愈長
——蕭碧燕3大停利點

停利點	設定報酬率建議	停利次數	本利和	投資過程
小微笑	15%～20%	可常常停利	最少	常常微笑不常哭
大微笑	40%～50%	停利次數比小微笑少	居中	偶爾笑且笑得比較大聲，但也必須偶爾哭
仰天長笑	100%	停利次數少，須長期忍受波動	最多	一直哭，但最後可以哈哈大笑

仰天長笑（如100%）

投資過程中，贖回次數少，非常辛苦，會時時被波動撼動心情，報酬率一下子正一下子負。但最終賺的絕對金額卻是最多最豐，也累積最多的本利和，過程可形容為：「一直哭，但最後可以哈哈大笑。」

以上只是我提出的幾個想法，你可以訂定自己的小微笑、大微笑及仰天長笑的報酬率是多少，甚或有其他更好的策略。大家可以此為例，好好的思考自己做得到哪一項？就選那一項。思考的點不外乎：

1. 自己願意等待的時間及接受的過程。

2. 該筆資金何時需用到？

如果願意等待的時間愈久，也願意接受過程的起起伏伏，自然停利點就可以設愈高；如果不是，那就設低一點，免得中途崩潰，功虧一簣。

如果該筆資金是買車用的，那應該是短期需求，也就會設低一點；如果是退休基金、子女教育基金，那確定是長期需求，停利點就要設高一點了。

提醒一個非常重要的前提：你所投資的標的，必須挑對長期趨勢向上（牛長熊短的市場）、績效又是同類型中靠前的好基金，想必1軍的好基金應該會雀屏中選才對。

新手從小微笑開始，且按紀律執行

有了原則，接下來就是使用一些策略來幫助自己成功，例如：

1. 在自己扣款的基金中分類，有的小微笑，有的大微笑，有的仰天長笑。

2. 第1次投資的人最好從小微笑開始。

3. 想仰天長笑的基金，因為投資時間會很長，過程中若有需要用錢，或心中被波動的市場動搖，可採部分贖回以應付不時之需，且降低心中的恐懼。

4. 有些人會採取「股市愈高停利點愈低，當股市回檔後再調高停利點」，都可以，只是我比較喜歡按紀律執行。不過，在股市愈高點起扣的人，一開始停利點可以設得較低；在股市愈低點起扣的人，一開始停利點可設得較高。

5. 如果你有能力看趨勢、有能力用技術指標、有能力用成交量大小、有能力用融資餘額大小去判斷停利時機，那就用吧！

6. 扣款金額的大小，也會影響停利點的高低。通常金額大，停利點低；金額小，停利點高。至於多少金額算大？每人皆有不同的感受與定義，你可以自行決定。

7. 停利點的高低也依個人忍受度而定。停利點不是一定要設多少數字的問題，而是你能接受什麼過程的問題——你不能接受漲漲跌跌的過程，停利點就設低一點；可以接受時間長一點、過程漲漲跌跌也無所謂，那就設高一點。也就是說，你想要「常常微笑」？還是「偶爾笑但能笑大聲一點」？抑或是「堅持忍耐，最後再來個仰天長笑」？

也許一開始你信誓旦旦地跟自己約定,這筆投資必須要仰天長笑、沒賺 100% 不會出場。但是內心的恐懼還是不敵股市的下殺,開始產生悔不當初的想法。如果你有這種心情,且發現自己受不了,就該清楚:其實你做不到仰天長笑!

以上方向供大家參考,有人永遠都把停利點設在 15% 或 20%,也很好。簡單、紀律、容易執行,才有機會助你成為永遠的贏家。

想投資10年以上再停利,得先經市場多次試煉

再補充一點,曾有網友問,「試算有些標的用定時定額投資,要長達 10 年以上,獲利才會有本金的 1 到 2 倍。除了超強耐心之外,還要用什麼態度和觀念去面對 10 年、20 年間多次的波動?」

這是個好問題,長期投資堅持到最後的好處是本金可以翻倍,但是過程不會太輕鬆。我是一個喜歡讓投資人明白過程的人,所以一定要提醒大家,請評估自己能不能接受投資的過程,再決定要不要放個 10 年或 20 年以上再贖回。

我自己沒有長達 10 年或 20 年以上再贖回的經驗(目前正

在進行體驗中），我投資近 30 年的過程中，都是力行「停利不停扣」，贖回後再「基金養基金」以增加所賺的絕對金額。如果每次贖回的本利和不再投入市場，所賺的錢就會只有那麼一次，而且金額會相當有限。

如果你才剛開始投資，想要嘗試投資 10 年以上再停利，我有以下建議：

1. 初入市場者千萬別嘗試，很難成功。一定要經市場多次淬煉（經歷多次大事件）才可能處變不驚。你如果已經在市場多時，試著回想 2008 年金融海嘯及 2020 年 3 月新冠肺炎疫情造成的狂跌，你心中到底有多恐懼？是否有一次比一次安定？

2. 最最重要的是要挑對長期趨勢向上的市場及績效好的基金。如果基金中途變成劣等生，那持有 10 年、20 年應該也沒那麼優，所以還要定期檢視該基金的績效排名。建議可每月檢視該基金的 1 年績效是否還排在同類型前 1/2，若連續 3 ～ 6 個月都掉出前 1/2，就可以考慮換基金了。

3. 任何的試算都是紙上談兵，回溯過去簡單得很，但投資永遠是實務問題。你更應該重視的是未來 10 年、20 年，有沒有能力承擔市場的起伏？尤其在歷經市場的大跌時，很多人只想

避開後續可能的跌勢，哪能想到最後優渥的報酬率？只有自己
經歷過的人，才可能逐漸鍛鍊出強大的內心。

4. 想要爬玉山，也該從小山慢慢訓練起吧！我很贊成定時定
額久一點，報酬率及絕對金額都多一點再贖回。但站在實務的
立場，我還是建議循序漸進，先常常微笑，再偶爾笑大聲一點，
最後再進步到仰天長笑。還是老話一句：投資不是一味追求高
報酬，是追求一個自己最容易成功的方法！

3-6

紀律執行停利
不執著於停利方式、匯率高低

實際要執行停利時，常常會冒出一大堆問號，好比說：「停利是全部贖回，還是部分贖回？」「只扣 3 次就達停利點要不要贖？」其實大家真正想問的應該是：「要怎麼做，報酬率會最好？」

答案是：天曉得！

如果全部贖回，股市就下跌了，當下看似對了，但過 1、2 年股市創新高，會不會又覺得錯了？如果部分贖回，也就是分批贖回，前提是要有批可以分，你累積的本利和共多少錢？共要分幾批贖回？只能問你自己了，誰也無法幫你做決定。

例如，投入本金 2 萬元，停利點設 20%，目前停利點到了，帳上共獲利 4,000 元，是要先贖回 4,000 元？或把本利和 2 萬 4,000 元全部贖回？或只贖回部分本利和 1 萬 2,000 元？還是先不贖？

　　我無法給你一個標準答案，永遠記得：沒有什麼方法是最好的，只有自己能接受、又能執行的方法最好。因此你應該把重點放在「哪一種做法，讓你最容易成功？」

　　之所以建議大家停利，是希望你能在股市上漲的過程中保有戰果。停利贖回後仍持續扣款，可以有效累積投資本金，並且擴大本利和。只看報酬率不一定會累積很多財富，要想辦法讓本金愈來愈大，豐厚的本利和絕對比漂亮的報酬率更重要。

全部停利或部分贖回，沒有孰優孰劣

　　另外，有定時定額投資人在打算贖回時，會因為「不是每一筆定時定額都是正報酬」，而不願意全部贖回。就曾有網友說，「因為是分批買進，各批的報酬有正有負，雖然知道整體平均報酬是正的，代表成本低的單位庫存攤平掉買貴的部分。但如果能指定贖回哪一批單位庫存，不就能確定每個單位數都在正報酬時贖回嗎？」

　　確實，在許多基金公司（或基金平台）上，申請部分贖回的方式，只能選擇「贖回指定金額」或「贖回指定單位數」，後台的程式算法也是以先進先出為主。因此有些投資人即使整體報酬率已經翻正，卻因為有幾筆在高點扣款的單位還在賠錢，

而對於贖回有所疑慮。

何必想得如此複雜？同一檔基金，分散在不同時期扣款買進，就當成同一筆一起算就好，沒有必要分段計算（還非得要每段都是正報酬），我從來不會這麼算，我的方法是：

1. 停利點到了，全部贖回，然後續扣，並等待下一個停利點來臨。

2. 停利點到了，如果我想部分贖回的話，就贖回部分單位數（如 1/2、1/3，或自己設定一個數字）。如果股市繼續漲，迎來更高的報酬率，可再全部贖回或部分贖回；如果股市反轉下跌，因為續扣可以攤平，就耐心等到所設定停利點又出現時再贖回。

3. 我的方法不會去管什麼先進先出、哪一筆買了多少單位數、哪一筆賺了多少錢，多累！如果是每月定時定額（有的每月還不只扣一次），那要算到何年何月？我控制的是每一筆贖回都在我設定的報酬率，上述網友的算法則是希望每一筆贖回都是正報酬，可以想一想哪一種比較簡單容易執行？

投資要看整體，不是每一筆分開看，又不是買不同產品。

報酬率已含匯率波動，停利不必考慮匯率變化

　　同樣的，有投資海外基金的投資人，常會有一個困惑：「停利點要考慮匯率嗎？」例如想贖回投資於海外的基金時正逢新台幣升值，會擔心換算回新台幣時報酬率被匯率吃掉一部分，此時就會有投資人煩惱，該不該等新台幣貶值時再贖回？ 其實，只要是直接以新台幣申購投資於海外的基金，系統上試算的報酬率就已經把匯率算進去了，直接以該報酬率當成停利的依據，停利點到了，就紀律執行停利吧！不用太糾結。

　　若你是以外幣購買投資於海外的基金，其報酬率就是外幣報酬率，贖回時領到的也是外幣，之後這筆外幣想繼續扣款，似乎也沒有匯率的困擾，或想等匯率轉好再換回新台幣也可以，就依自己最舒服的方式去做就行。投資簡單又有紀律，反而更容易成功！

捨不得停利？用3面向評估停利與否

　　股市持續上漲，總會有人捨不得停利，然後持續問「報酬率已經 15%、20% 了，要先停利 1 次？還是持續扣下去就好？」其實你只要真的明白定時定額投資的真正意義，這些問題自然迎刃而解。我再提供 3 個思考面向幫助你評估：

1：**資金規畫**：這筆資金的規畫是長線還是短線？若是長期投資，就不用停利；若為短期投資或需要用錢，那就停利。

2：**內心感受**：你心裡是怎麼想的？如果覺得落袋為安，心裡舒服，就停利；若是認為自己不怕後面的漲漲跌跌，期待的是未來更大的本利和，就不需要停利。

3：**紀律停利**：若原本就設定停利目標是 15% 或 20%，既然停利點到了，就確實執行，不要隨著市場波動起起伏伏，除非你有把握可以判斷市場接下來的漲跌。

會問這些問題，真正的意圖是想知道：到底接下來是要漲還是跌？漲多少？漲到何時（哪天？哪個點位？）？跌多少？跌到何時？

跌了再漲，漲了會再跌，這不就是金融市場的常態嗎？投資一味追求何時是最高點、最低點？真的能猜對嗎？事後回想，也只能說是那個波段的最高或最低點，但也只能事後分曉。你要的最高點或最低點，又是指哪一波呢？

有些股市向上的波段很長（多頭很久），但長波中也有短波（過程有曲折），長波後還有一個更長的波，而且高點一次

比一次高。何時停利能賣在最高點？現在停利後何時會再創新高？一切終究都是「等待時間的問題」，而且是「你願不願等的問題」，還有「過程下修，願不願接受心理折磨的問題」。

　　會採定時定額投資，原則上是為了不去猜高低點，必須強迫自己紀律投資、紀律停利。再次提醒定時定額要把握以下原則：

　　1. **挑對長期趨勢向上又績效靠前的基金**：建議優先選 1 軍的市場，因為長期趨勢向上，儘管中間一定有波折，下跌的時間也不至於長到崩潰。

　　2. **算好每月可以投資的金額**：務必用閒錢投資，不要超出負擔，才能度過一定會來的空頭市場。

　　3. **訂好停利點且紀律停利**：不猜頭摸底，訂下適合自己的停利點。訂得愈高等待的時間愈長，中間的波折就愈多，所以想好自己能接受什麼過程。

錯過停利點不氣餒
檢討原因後等待下次機會

　　回顧近年股市的大起大落，有持續投資的人可以好好回想，自己是否有確實執行停利，遵守「停利不停扣」的原則？

　　例如 2019 年年末時，許多基金都見到不錯的報酬率，當時我也一再地提醒：如果停利點到了，一定要紀律執行停利。進入 2020 年，全球股市因為新冠肺炎疫情的衝擊，眼睜睜看著市場暴跌，不知當時你是否跟我一樣，很慶幸「還好我都是定時定額」。不三心二意、確實執行的人，事後應該覺得輕鬆自在，但我們也可以再檢討分析，為未來的自己做好停利的演練。

　　若在該停利時，你沒有確實執行停利，請想想原因為何？

　　1. 停利點還沒到：請繼續堅持不停扣，下個春天會再來到的。

　　2. 金額太小，所以沒有停利：也請繼續堅持不停扣，下個春天會再到的。

　　3. 我三心二意了：應該要更體會紀律執行的重要，也請繼續

堅持不停扣，下個春天會再到的。

4. **三心二意，且目前投入金額已太大，沒停利也沒續扣**：沒停利是因為三心二意，不續扣是因為累積較高額的本金，怕自己無法承擔，或沒錢再扣了。那只能用非不得已才用的方法──先贖一半（或一部分），用贖回的錢繼續扣。

進一步思考，捨不得停利的人，通常是因為 2 大困擾，又該怎麼解決這種困擾呢？

第 1，擔心停利後繼續漲。停利後可能再漲，也可能反轉下跌，適時落袋是為了控制風險，如果你認為控制風險不重要，就要做好承擔風險的準備。

第 2，不知道贖回的錢要做什麼投資。賺到的錢落入口袋，還是可以再分批投入在原基金，或是另外挑一檔更優秀的基金。如果不想立刻再投資，讓錢待在銀行帳戶裡一段時間，會讓你這麼難過嗎？沒停利又眼睜睜看股市跌下來，會讓你更難過。

錯過停利點就繼續扣款，累積更多本利和

錯過了停利點，最痛苦的就是看著股市愈跌愈深，氣自己怎麼不在高檔時贖回。不過，前波高點沒有贖回的人，也不代表

真的虧大了。在不同的時間停利，所經歷的過程及結果都不相同，錯過了前波停利，那就等待下一次。

　　若你能撐過股市下殺的洗禮，也就不必羨慕他人有在上一波停利，而自己卻沒做到。等這波空頭結束，市場終究會反轉向上，到時你所得到的，不見得會比較差！舉例來說，假設同樣每月扣款 5,000 元，且狀況 A 於前波高點停利後未再投入：

所投入的成本

　　狀況 A》前波高點有停利：定時定額扣款 2 年，共投入成本 12 萬元（＝ 5,000 元 ×24 個月）。

　　狀況 B》前波高點沒停利：定時定額扣款 4 年，共投入成本 24 萬元（＝ 5,000 元 ×48 個月）。

所賺的絕對金額

　　狀況 A》前波高點有停利：賺了 2 萬 4,000 元（＝ 12 萬元 ×20%）。

　　狀況 B》前波高點沒停利：賺了 4 萬 8,000 元（＝ 24 萬元 ×20%）。

最後的本利和

　　狀況 A》前波高點有停利：共累積了 14 萬 4,000 元（＝

12 萬元＋ 2 萬 4,000 元）。

　　狀況 B》前波高點沒停利：共累積了 28 萬 8,000 元（＝ 24 萬元＋ 4 萬 8,000 元）。

　　最終數字絕對是長線的人完勝，但先決條件是：

　　1. 一定要選對好的標的，除了績效要在同類型排名靠前一些外（不一定非頂尖，但總不能老是殿後），等待空頭的時間不要過久（就是 1 ～ 3 軍的分類，1 軍最短、3 軍最長），至少要自己可以忍受。

　　2. 要真的確定自己忍受波動度的能耐，再決定要短、中、長線投資。

　　3. 不管如何，資金要充足，不能斷炊。

　　看到這裡，你應該能區別停利與沒有停利的不同了。停利贖回能讓心情輕鬆，有更大的動力繼續扣款，但請務必將贖回的錢再拿回去投資，否則報酬率將中斷。

　　例如，原來扣了 2 年，賺到累積報酬率 20%，年化報酬率是 9.5%（詳見註 1），如果這筆不再投資，到了第 10 年累積

報酬率還是只有 20%，年化報酬率就降為 1.8% 了。

　　錯過前波停利點的人，你的基金只要沒問題，且仍有閒錢，就繼續扣下去，未來還是很美好的。

長期投資是否停利
回歸執行成功機率思考

　　歷經金融市場許多大事，可以見證到大跌後又創新高的市場比比皆是，基金報酬率從大跌 40%、50% 後又持續創新高的也不少見。只要選對市場、選對標的，長期投資一定能看到美好的報酬。

　　所有的投資大師一定都是教導大家長期投資，尤其以投資基金而言，「不停利不停扣」的報酬率，不是比「停利不停扣」好嗎？我一開始推廣定時定額時，也思考過這個問題，明知道許多市場的指數都會長期創新高，不停利的最終結果，一定能創造出最大的報酬，那又為什麼要停利呢？

　　如果股市都不會回檔，只會天天漲、一路往上，任誰也不願停利。不過股市就是會在來來回回中慢慢創新高，好比 2008 年你什麼基金都不敢買，但過了 10 年後回頭一看，原來當時的高點好低喔！大家最熟悉的台股，更是長時間被視為「1 萬點是天花板」，但是自從 2021 年之後，萬點卻成了台股的地

板。現在你認為的高點，也可能變成 10 年後的低點。

不停利報酬率有機會較高，停利勝在成功率較高

認為不停利比較好的投資人，評估標準是用最終的報酬率，但我覺得應該用「成功的機率」較貼切實務。

好比說，你會願意現在進場，等 10 年後指數創新高後再贖回嗎？每每講到這裡，許多人就眉頭一皺開始猶豫了。為什麼？人性啊！因此我才會主張「長期做投資，適時停利」，也才有定時定額最高指導原則「停利不停扣」的產生，只為了一個目的——增加你投資成功的機率！

假設定時定額投資一檔 A 基金，現在已獲利 30%，也看好長期趨勢往上。但在一路往上的過程中會漲漲跌跌，下跌後要等待漲起來的時間也可能很長，長到你可能會失去信心。尤其不停利不停扣的做法，會讓投資本金累積得愈來愈多，當前波高點沒停利，接著再度面臨新一波空頭來臨時，帳上的負報酬數字也會變大，此時心理壓力也會節節升高。

如果你在空頭來襲時有可能會停扣或在低點贖回，就代表你無法靠著「不停利」的長期投資獲得成功，還不如在 30% 時先

贖回並持續扣款。此時，所有的錢已先落袋，儘管開始一輪新的定時定額會扣在相對高點，但因為累積扣款金額還不多，就算不久後就下跌，恐懼也會少很多，也更有勇氣持續扣款，更有機會成功等到下一波的停利時機。

簡單說：「停利不停扣（也不停損）」並不是一個會讓你賺最多錢的方法，但卻是一個可以讓你較容易成功的方法。

記得當年我喊出「停利不停扣」這一句口號時，曾讓某家投信公司的總經理時不時的抨擊我。我也漸漸習慣了大家對我有褒有貶，並且學會了「不輕易批評別人的投資方法，要懂得尊重別人的投資方法」。因此我也不會說不停利這方法不好，畢竟長期投資若以報酬率當指標，只要選對標的，不停利的確能創造更高的獲利及本利和。只要實務上可以做到，那就選擇你認同的那個方法。

股市位於高點時，用1問題判斷是否減碼扣款

講到高點停利的煩惱，也常有學生這麼問：「在股市高點時，是否需先減碼扣（調低扣款金額）？」我都會請學生思考以下問題：「股市在高點時持續扣款，終究要面臨市場下跌、出現負報酬。如果負報酬愈來愈多，你會因為壓力大到想停扣嗎？」

答案1》會害怕、想停扣

那麼你最好在股市高點時,讓扣款金額減少一點,高點減碼有助於撫慰心中的恐懼。而應該在何時減碼呢?就是在你每次停利時,都考慮一下要不要減碼。只是不要忘了,低點時一定要加碼扣回來,否則真的只是賺到所謂的「漂亮的報酬率」。

答案2》不會害怕、有信心不停扣

顯然你也不在乎市場的波動,就繼續扣款吧!

有一種投資方法叫「定時不定額」,它就是高點減碼扣,低點加碼扣,為的就是提高報酬率,因為這方法可以在高點時少扣一些、在低點時多扣一些,這樣可以降低平均成本。但是,如果高點減碼扣,低點卻沒有加碼扣,導致整體投入的本金較少,那麼雖然報酬率有可能比較高,卻也不會累積到比較多本利和。

這也是為什麼我從來沒有在高點減碼扣款,我都一直正常扣,但低點時肯定加碼扣。因為我理財不是為了累積報酬率,是為了累積資產,我希望贖回時不是只看到漂亮的報酬率,而是要看到豐厚的「本利和」。本金少,報酬率比較高又怎樣?一共只投入 2 萬元,賺 30% 也只賺了 6,000 元,但是一共投入 20 萬元,賺 15% 卻能賺到 3 萬元,我寧可選後者。報酬率

高並不一定會變有錢，只有本利和愈多的人才會愈來愈富有。

　　高點要不要減碼，或要不要先停扣？如果你問我都怎麼做，我的答案永遠是「堅持停利不停扣」，不會一天到晚想東想西來困擾自己。我喜歡「**複雜的事情簡單做，簡單的事情重複做，重複的事情用心做**」。

3-9

別人投資已微笑出場
檢視自己賠錢6原因

當股市多頭時,會看到朋友或其他網友分享:「我的基金已經 15%、20% 停利了。」

這類好消息也可能會觸動某些人的哀怨神經:「別人都已經微笑出場,為什麼我的基金還在哭?」先別太沮喪,原因有很多種,但不一定全然不好:

原因1》起扣點不同

如果是從低點起扣的人現在可能已經轉正了,而從相對高點起扣的人,就請你再等等,再等等就不好嗎?未必吧!扣得久,累積的成本多,賺的絕對金額和本利和也多,不好嗎?

原因2》別人低點有加碼,你沒有

低點加碼自然加速翻正的時間,但因為你資金沒那麼多,勇氣也沒那麼足,所以沒加碼,也沒關係啊!因為你已經做到持續扣款沒停扣了,再等等就好了。

原因3》你在負很多時因為恐懼而停扣了

停扣本就犯了定時定額的大忌，除非你買到不好的基金，才需要斷捨離，敢斷（停扣）也要捨得離（贖回）。

原因4》你自己訂的停利點沒有紀律執行

之前訂了 20% 當作停利點，到達停利點時卻因市場很熱，心中就三心二意想要等待更高點，結果重新進入一個景氣循環，累積報酬率就從賺 20% 變成 -30%，這下等待時間自然加長了。其實如果所挑的基金都是對的，錯過 20% 停利點也沒關係，只是心裡不舒服而已。

像許多人（包含我）都把停利點設為大微笑或仰天長笑，投資過程中一定會經歷從賺 20% 變成 -30%，但是我們心中很清楚這是過程，也接受這個過程。如果你無法接受，就該紀律執行停利點，別再受市場影響。如果做不到，就交給機器執行吧，善加利用現在有許多公司（或平台）可以自動停利的功能。

原因5》挑到景氣循環較長的基金

我建議的 1 ～ 3 軍市場就是依景氣循環長短分類的（詳見 3-2），如果你選擇了 3 軍，又從相對高點扣起，過了 2 年還是負的很正常，而且還要有心理準備會等更久，這是你當初買的當下就要想清楚並接受的事呀！

原因6》挑到同類型中績效靠後、波動又大的

我一直教大家如何挑到適合自己的好基金，不但要考慮景氣循環的長短、長中短期績效，還要考慮波動度（Beta 值）。一切都要了解它、接受它，再請投資它。

虧損可靠其他產品賺回，不需執著於同檔基金

如果不幸挑錯了標的怎麼辦？還能怎麼辦？難不成劣質產品擺著就會變成優質產品？除了「斷捨離」之外，也沒有更好的方法了。

斷捨離要捨得斷（停扣），並且捨得離（贖回），才能真正將劣質資產徹底鏟除。不要只停扣卻捨不得賣，打算挑黃道吉日才要出清，這叫做半套！既然已經不想要它了、覺得它沒希望了，或漲得太慢了，才決定停扣，若當下不賣掉，只會看著它愈跌愈多，在 -30% 時停扣沒有繼續攤平，結果變成 -50%，並沒有比較好！

斷捨離之後，所造成的虧損可用別的優質產品賺回來，正所謂「在哪裡跌倒，不一定要在哪裡爬起來」！投資路上犯錯也是平常之事。錯了，及時糾正就好，怕的是每次都犯同樣的錯，每次跌倒的姿勢都一樣，那麼永遠都不會進步。

3-10

標的符合「加碼3條件」
市場大跌時即可進場

要不要加碼？何時加碼？如何加碼？是許多投資朋友都想問的問題。加碼的字面意思就是提高投資金額，主要會出現在 3 種狀況：

1. 收入增加了，可用來投資的錢變多。
2. 將停利贖回的錢重新投入，增加可扣款的金額。
3. 市場低點時。

本篇文章會針對狀況 3——「市場低點時」來討論。首先，要知道怎麼判定市場已來到低點。很多人對市場變動不那麼敏感，最簡單的判定方式是，如果你有定時定額某檔基金，且沒有任意停扣或跌時降低金額，當該定時定額基金的報酬率出現 -20% 或 -30%，通常可以判定是市場低點，也是可以準備加碼的時機。

有人會說，股市還會跌很久，太早加碼就像去接落下的刀子，

但我持不同的看法，因為重點在於標的。簡單説，只要符合「加碼3條件」，就值得進場：

1. 你要加碼的市場，長期趨勢向上。
2. 你要加碼的基金，在同類型中績效靠前。
3. 你手中有閒錢可以加碼。

猶記2008年金融海嘯時，有幾天也是連續暴跌。如果你是在暴跌第1天就買了台積電（2330），雖然之後續跌，導致沒有買到當時的相對低點，但隨著時間持有到2023年，應該也是大大地賺了。但當時若去接了宏達電（2498），持有到2023年仍應是苦主中的苦主。同樣的，若在金融海嘯剛開始時就買了美國基金（或科技股基金、台股基金），放到2023年時依然大賺。但若接了石油、礦業基金，只能無語問蒼天。

所以加碼能否成功的重點，在於選對標的，以及能確實等待市場回升的時間。只要你的標的是對的，又是用閒錢去投資，耐心等待，春天總會再現。

依據2方向選擇加碼方式

加碼方式則可分為4種：

1. 原基金增加扣款金額：例如原本月扣 3,000 元，增加為月扣 5,000 元。

2. 加扣更多日期：例如原本每月 5 日扣款，改為每月 5 日、15 日扣款。

3. 單筆定率加碼法：將一筆資金分批，每跌到所設定的加碼點則投入一批，每往下加碼一次的金額都要比上一批更高（詳見 3-11）。

4. 加扣其他基金：多扣款別檔基金。

若還是不知道怎麼選加碼方式，我再提供 2 大參考方向如下：

方向1》原本就有持續定時定額投資者

可以先掂量自己屬於以下哪種類型，再選擇要加碼的方式：

①資金無虞，勇氣十足：定時定額加大金額，或是單筆加碼。

②中庸之人：看到帳上報酬率跌了 15% ～ 20% 以後，再定時定額加大金額，或增加扣款日。

③資金短缺，內心脆弱：不一定要多拿錢出來加碼，維持定時定額，不要停扣就好。

方向2》原本是單筆買進某檔基金者

加碼方式很簡單，就加扣該檔基金的定時定額即可。

以下分別以投資１軍、２軍為範本，舉例說明可以如何加碼：

範例１》加碼1軍市場，可增加扣款金額

第１個例子，如果你資金充足又勇氣十足，且扣的是１軍的好基金，那麼定時定額加碼扣可以這樣做：

◆**定時定額的報酬率達-10%以上**：每次扣款金額加碼 1,000元或 2,000 元。

◆**定時定額的報酬率達-20%以上**：加倍扣（原來月扣 5,000元變成月扣１萬元），或買單筆。

◆**定時定額的報酬率達-30%以上**：３倍扣（原來月扣 5,000元變成月扣１萬 5,000 元），或買更多單筆。

範例2》繼續加碼2軍市場，要挑選績優基金

第２個例子，如果你資金充足又勇氣十足，且原本的１軍市場已經加碼扣了，手邊尚有餘錢想加扣已買的２軍（需是績效相對靠前的績優基金），那麼定時定額加碼扣可以這樣做：

◆**定時定額的報酬率達-20%以上**：每次扣款金額加碼 1,000元或 2,000 元。

◆**定時定額的報酬率達-30%以上**：加倍扣（原來月扣 5,000元變成月扣１萬元），或買單筆。

•**定時定額的報酬率達 -40% 以上**：3 倍扣（原來月扣 5,000 元變成月扣 1 萬 5,000 元），或買更多單筆。

以上 2 個例子，要等何時再恢復原來的扣款金額？

①直到報酬率翻正才恢復原來的扣款金額。
②也可以持續扣到停利點到了，贖回時才恢復為原來的扣款金額。

加碼期間也請務必記住以下 4 大重點：

1. 如果你資金充足又勇氣十足，就參考上述做法，否則就請維持正常扣款、「停利不停扣」。

2. 資金有限的投資人，應該先加碼在 1 軍、有餘錢才加扣 2 軍前段班。

3. 至於 2 軍後段班、3 軍，相信不會有人想把銀子放在效益較差的基金，如果你只是為了解套，那麼你又犯了「在哪裡跌倒非要在哪裡爬起來」的錯誤。

4. 加碼不是為了攤平或解套，而是為了贖回時有漂亮的報酬

率＋豐厚的本利和。

尋找適合自己的加碼習慣，並持續紀律執行

我一般是教大家依手中定時定額基金的「累積報酬率」訂定加碼點，如果想要依據「淨值跌幅」來加碼，也是可以的。

例如有人說，他已投資某檔基金一段時間，累積報酬率達 50% 以上，但市場發生股災，報酬率跌到只剩 25%，因此想用該基金淨值跌 20% 時加碼。這麼做的確可以抓住股市長期上漲趨勢當中的波段低點，對於累積本利和也有幫助。

也有人說，想要在基金淨值跌 10% 時就加碼，這也沒有不可以。只是在空頭時期，可能會看到淨值出現很多次 -10%，想要持續加碼下去會需要較充足的資金。如果資金有限，只能加碼 1 次或 2 次，且金額很小，就缺乏加碼攤平的意義了，訂定加碼原則時都要規畫清楚。

最後再分享我的一個加碼習慣。還記得我將手中基金的停利點分為小微笑、大微笑、仰天長笑嗎（詳見 3-5）？被我設定在仰天長笑的基金（通常是 1 軍基金），我不會特別去加碼它。我會將錢加碼在設定為小微笑、大微笑的基金上（以 2 軍績優

基金為主），原因如下：

1. 仰天長笑的時間本來就會很久，自然也會累積了很多的本金。再加上停利點又設得高（例如 100%），所以屆時本利和也夠滿足了，似乎無須再錦上添花。

2. 許多人總是有個遺憾，到了股市暴跌，應是可加碼的時機，但苦無閒錢，只能在旁加油。若好不容易有筆錢可以加碼，又加在仰天長笑的基金，那當再有加碼的時機，卻因仰天長笑的基金屬於長期投資，在尚未贖回期間是否又只能在旁加油了？因此我個人習慣將資金加碼在設定小微笑、大微笑的基金上，這些基金投資時間會較短，累積的本金較少，若能適時加大本金，縱使小微笑也能賺取不錯的絕對金額。

3. 小微笑、大微笑的基金在較短的時間就能停利，身上就可多一筆閒錢，再有加碼的時機出現，就不會只能乾加油了。

當然有人認為，小微笑、大微笑的基金贖回後就是一筆閒錢，沒運用會喪失賺取報酬率的機會，加碼在仰天長笑的基金較不會有此情形，這也是一種思考方向。所以我也只是考量我想要的方式，並非一定是最好的方式，也不一定適合所有人，我就是訂一套方法讓自己紀律執行。

投資小知識 **區分「解套」與「加碼」**

解套

你買了某檔基金但被套牢了，例如單筆買在高點，或原本定時定額但停扣了一段時間（停扣後則形同單筆），再加上股市下跌了，報酬率愈來愈難看，住套房了，就想解套了。這時當然要再拿錢出來投資，且拿出來的錢必然要有一定的金額，否則如何解套？且拿出來投資的那筆錢最好等同被套的錢，如此解套的效果才能顯現。

這時的解套方法可採定時定額，將此筆要解套的錢分為 18～30 個月投入，或採定率加碼法。

加碼

股市跌太多了，想多買一些低成本的單位數。要拿多少錢加碼？主要還是看自己願意以及拿得出多少閒錢。

在正常定時定額的過程中，可別看到負報酬就認定是被套牢了，觀念不是這樣的！定時定額的過程中一定會因為整體市場大跌碰到負報酬，只要你不停扣，就能夠自然地攤平成本。

　　你也可以根據經驗，發展自認為有效的加碼方法（按累積報酬率或按淨值跌幅都可以）。畢竟加碼本來就沒有標準答案，只有該遵循的原則，唯一要請你遵循的是：「加碼切忌愈跌加愈少，甚或縮手」，並且必須紀律執行。

3-11

採「定率加碼法」單筆加碼 分批進場降低風險

　　碰到市場在相對低點或不算太高的位置，想要買單筆，但心中還是怕波動，最好的方法是：單筆＋定時定額。但金額比例不能懸殊太大，其中加碼的定時定額每月金額約略等於「單筆加碼金額 /24」。

　　若只打算單筆加碼，我還是建議單筆分批進場。但該如何分批？分幾批？雖然沒有標準答案，但確實有該遵循的規律。分批無非是想降低風險，因此一定要事先訂清楚加碼點、加碼金額，並掌握「愈跌買愈多」原則，免得亂了套。例如「定率加碼法」，採用紀律分批進場，既嚴謹又能控制風險，方法如下：

加碼點》成熟市場-20%、新興市場-30%

　　太早或太晚加碼都有缺點，但何時是最佳時點？說真的也因人而異，因為這牽涉到個人資金及勇氣的問題。例如，成熟市場（或波動較小的）基金，加碼點可以設定為報酬率-20%以上，

新興市場（或波動較大的）基金可以設定為報酬率 -30% 以上，這是適合多數人參考的數字，但也可以再隨著個人的資金及勇氣調整。

唯一要提醒的是，一旦決定了就要照表操課。例如決定每月要扣款 1 萬元，就不能輕易改變金額，否則會前功盡棄。

而為了控制風險，我會建議，如果不是手中已經在定時定額的市場，就盡量不要單筆買進（但是不限於同市場的不同基金，例如，原本定時定額扣 A 台股基金，加碼時可單筆買進 B 台股基金）。

加碼金額》每一筆都要比前一筆更多

怎麼分批？分幾批？舉例如下：

1. 當定時定額報酬率出現 -20%、-30% 時買進第 1 筆，第 1 筆的金額要最少（例如 5 萬元）。

2. 當加碼的 5 萬元再跌到 -5% 或 -10% 時（我自己是一般情況設定為 -5%，股災時設定 -10%，你也可自訂報酬率），再買進第 2 筆，金額要比第 1 筆多（例如 6 萬元），依此類推。

3. 直到最後一次加碼的錢,不再下跌超過你決定的加碼點時
(-5% 或 -10%,或自訂報酬率),就可以停止加碼。

由於加碼次數會因當時市場而定,因此很難知道一共會加碼
幾次,保守一點可預備加碼 5 次的資金因應。

執行單筆的定率加碼法,需要特別注意以下事項:

1.須徹底執行,否則寧可不開始

此方法只要能真的執行下去是會賺錢的,難就難在執行不下
去。試想市場已經跌了,不但要加碼,還要跌愈多加更多,你
的心臟可以負荷嗎?想清楚再開始。如果加了 2 次後就舉白旗
了,那寧願就不要開始。

2.加碼點出現再執行,不要急著改變規則

假設加碼了 1 次,要等待再跌到 -5% 進行第 2 次加碼,加碼
點卻一直不出現,也不要輕易改變遊戲規則而急著趕快再加碼,
永遠記得「套牢一定比少賺痛苦」。

3.確保用閒錢加碼,有助於平安度過熊市

有人擔心,市場下跌時,無法判定是進入熊市,或是股災時
的猛熊?兩者區別在於,一般熊市時間較長,但通常屬於慢慢

跌、跌很長的時間，例如 2010 年～ 2013 年。而股災的猛熊，來得又急又快，但也很快就結束，如 2008 年 9 月～ 2009 年 1 月的金融海嘯歷經 5 個月，2020 年 3 月的新冠肺炎甚至不到 1 個月。若都實施加碼，前者需等待時間較長才能翻正，而後者恐怕還沒加完就反彈了。

　　要怎麼做，才不至於陷入前者過長的等待痛苦期？只要符合 3-10 提及的「加碼 3 條件」：

　　1. 你要加碼的市場，長期趨勢向上。
　　2. 你要加碼的基金，在同類型中績效靠前。
　　3. 你手中有閒錢可以加碼。

　　那麼，遇到熊市也只是等待時間久一點，一旦牛市來了，依然能大賺一筆。反之，若是借錢投資，又是加碼在不優的資產，等待的時間可長得多了，加上又是融資，在承受如此巨大的壓力下怎能容易成功呢？

跌破多條均線想進場加碼
先衡量自身財務及能力

　　我很少談技術指標,不過股市技術分析當中的「均線」,確實很常被用來判定市場正處在相對高點或低點。例如「月線」指的是最近 1 個月的指數平均值,「年線」指近 1 年、「5 年線」則為近 5 年的指數平均值⋯⋯依此類推。而當一個市場同時跌破月線、季線、半年線、年線、5 年線,代表目前的指數已經低於近 5 年的指數平均值,明顯是相對低點,但此時是否就是加碼時機?

　　我最常說的就是,別輕易說出「加碼」兩個字。投資要冷靜、要想清楚、要斟酌自己的底線、要清楚自己的耐心,再決定要採取哪一種方法,因為投資永遠是實務問題。

　　跌破這麼多條均線,的確是相對低點,加碼有什麼不對?買在相對低點沒什麼不對,只是這麼多均線都跌破了,代表該市場就是「進入熊市」,也就是代表短時間之內不會有理想的報酬率。

簡單的說，你需要「等」。想想你買在低點，但要等一段時間（視市場而定，有些市場也許需要 2 年～ 5 年）才能獲利，你會用什麼方法投資？投多少錢？都需要好好仔細地想清楚。

當時市場有何阻礙？貿易戰、烏俄戰爭、中美對峙……何時停？何時了？沒人說得準，但確定的是，拖愈久對全世界愈不利，也就更延長大家恢復生機的時間了。

以中國股市為例，2016 年初觸發熔斷機制（詳見註 1）後，上證指數跌破了 10 年線。如果你在那時是一位勇士，投入一筆單筆，相信到 2017 年底應該是最大的贏家。也許你不是那位最勇敢的人，但是堅持定時定額「停利不停扣」的人，到 2017 年底，一樣也為你帶來一筆財富。想想更久之前，2010 年起依然堅持定時定額投資中國上證指數的人，直到 2015 年 5 月底，那更是累積了一筆本金＋豐厚的報酬率，但等待的時間真的是考驗。

再以美股道瓊指數為例。2008 年金融海嘯後曾經跌破

註 1：中國自 2015 年股市創新高後急跌，2016 年初嘗試施行熔斷機制，設定滬深 300 指數單日漲跌幅觸及 5% 時暫停交易 15 分鐘，漲跌幅觸及 7% 則休市。而 2016 年 1 月 4 日及 7 日皆因暴跌觸發熔斷而休市，次日則宣布暫停實施熔斷機制。

7,000 點，之後一路往上漲，經歷 2020 年新冠肺炎疫情後的 V 型反彈，2020 年底甚至站上了 3 萬點，如果你在低點就放棄參與，那後面的 2 萬點都與你無關了。

跌破10年線vs.跌破年線進場

至於要怎麼看均線加碼？有人堅持非等到跌破 10 年線，有人會選擇跌破年線即可，兩者的不同是：

1. **跌破10年線**：跌破 10 年線的機會不多，可能不容易等到。一旦發生，確實是加碼好時機，此時買進代表你的成本比過去 10 年買進的投資人還要低。而且跌得這麼深，再往下跌的時間也不長了，進場加碼後不需要準備太多的錢持續向下加碼攤平，需要的勇氣也比較少。

2. **跌破年線**：跌破年線的機會比較多，此時進場，可能會面對繼續跌破 2 年線、5 年線……。且為了要讓加碼更有效，要準備更充裕的資金，才足夠一直往下攤平，勇氣要很足！好處則是萬一市場沒有跌破 10 年線就往上，你會比堅持要在跌破 10 年線進場的投資人多了一次賺錢的機會。

危機入市人人知道，但不見得人人做得到，你可以衡量自己

的財務、耐心、忍受度……等，選擇其中一個參與的方式：

1. **空手想單筆投資**：只要你能等待，且接受買進後有可能繼續下跌，單筆進場也沒有不可以，但別亂了套，建議分批進場，並採取定率加碼法，若愈跌卻加碼愈少，就無法達到攤平的最大功效。不過，定率加碼法是要跌愈多，投入愈多金額，你的耐力會不會降低？有沒有能力承擔？都請思考清楚。

2. **空手想開始定時定額**：相較單筆投資，定時定額會比較容易做得到，只要想好每月扣款金額，該金額是自己可以忍受的，接下來一樣就只是等待了。

3. **早已定時定額扣款的人**：千萬別停扣、放棄買低點攤低成本的機會，低點停扣是定時定額最大的敗筆。

4. **早已買單筆的人**：可以繼續適時的加碼單筆，就是別亂了套，可以用定率加碼法，也可以加扣定時定額。

再次提醒，加碼還是要用在對的市場＋績效靠前的基金。若你買的那檔基金在同類型中的績效（長、中、短期都要看）是殿後的，別留念！汰弱留強，將之換掉吧！

3-13

用3方法「基金養基金」
讓資金生生不息

　　當你買的基金因為已到停利點而贖回了，手邊多出的這筆錢該如何善用？要振興消費？還房貸？還是再投資？……這關乎個人需求的部分，大家可自行評估，此章節只談「再投資」部分，而且是「再投資基金」。我從一開始投資基金至今，我最常做的就是「基金養基金」，說明如下：

方法1》定時定額再分次投入

　　贖回的錢可以分次再定時定額投入另一基金，或增加原基金扣款金額，何者更好？別再為這問題傷神了，如果你尚有許多想買的好基金未買，自然會想先加扣新基金；如果想買的基金都買齊了，且原基金也很優，那麼直接增加它的扣款金額也很合理，大家自行評估自己的需求及情況而決定吧！分次的方式參考如下：

　　①如果你挑的是 1 軍的基金，可分為 24 ～ 30 個月左右投入，即「每月定時定額金額＝贖回總金額 /24 ～ 30」。

②如果你挑的是 2 軍的基金，那麼分為 30 ～ 36 個月投入，即「每月定時定額金額＝贖回總金額／30 ～ 36」。

③不考慮 3 軍的基金。

方法2》單筆買入配息的基金

以下先簡單說明買入原則（配息基金挑選細節詳見第 4 章）：

①有「現金流」需求的人再買此類的產品。

②買前先想清楚，要遵守「買債 3 要素」。

③務必以「配息滿意，波動接受」挑基金。

④將每月配的息再定時定額扣一檔基金。

方法3》複合投資法

複合投資法（或稱母子投資法）的做法如下（詳見 3-14）：

①將贖回的錢買入母基金。

②再從母基金將此金額分 2 ～ 3 年定時定額子基金。

再投資範例》從月扣1萬元到2萬4000元

假設每月固定拿出 1 萬元定時定額某檔 1 軍基金，停利點訂 15%，並採每次都分 24 個月再投入（此處不計算交易成本）：

第1輪

①**計算可再投入金額**：定時定額投資 10 個月後，停利點來到了 15%，共贖回本利和為 11 萬 5,000 元（＝ 1 萬元 ×10 個月 ×1.15）。

②**可再投入總金額分 24 個月**：將贖回本利和分 24 個月為 4,792 元（＝ 11 萬 5,000 元 /24）。

③**計算下一輪每月可扣資金**：加上原本每月的 1 萬元額度，那麼次月起每月可扣金額是 1 萬 4,792 元（＝ 1 萬元＋ 4,792 元）。另因定時定額扣款每次增加金額需以 1,000 元為單位，因此可設定為每月扣 1 萬 5,000 元。

第2輪

①**計算可再投入金額**：定時定額投資 18 個月後，再度來到停利點 15%，共贖回本利和為 31 萬 500 元（＝ 1 萬 5,000 元 ×18 個月 ×1.15）。

由於第 1 輪的本利和是 11 萬 5,000 元，原本預計要扣 24 個月，但因第 2 輪只扣 18 個月就再度停利，只花了 9 萬元（＝ 5,000 元 ×18 個月），還剩下 2 萬 5,000 元（＝ 11 萬 5,000 元－ 9 萬元）。

②**可再投入總金額分 24 個月**：第 1 次本利和剩餘的 2 萬 5,000 元，再加上第 2 次的本利和 31 萬 500 元，一共有 33 萬 5,500 元，分 24 個月則為 1 萬 3,979 元（＝ 33 萬 5,500 元 /24）。

③**計算下一輪每月可扣資金**：次月起每月可扣金額是 2 萬 3,979 元（＝ 1 萬＋ 1 萬 3,979 元）。因定時定額扣款每次增加金額需以 1,000 元為單位，因此可設定為每月扣 2 萬 4,000 元。

如此生生不息下去，從起扣開始共扣了 28 個月，扣款金額也從原本每月 1 萬元增加到 2 萬 3,979 元了。當然實際投資時也許沒這般順利，或短時間可以獲利。不管如何，若不採取基金養基金，那每月扣款金額就只能永遠都是 1 萬元。

範例試算》仰天長笑vs.基金養基金

曾有網友這樣問我：到底是仰天長笑賺比較多，還是基金養基金（每次小微笑或大微笑停利後增加扣款金額）賺比較多？

我們選一檔績效相對好的台股基金來試算看看結果（這樣可以免除匯差問題）：

1.小微笑＋基金養基金

- 投資期間：2010 年 1 月 1 日～ 2020 年 7 月 2 日。
- 每月扣款金額：5,000 元。
- 每月扣款日：15 日。
- 投資方式：報酬率達 20% 時停利，每次停利後再將贖回的本利和分 30 個月加碼。

第 1 次贖回（2013 年 1 月 2 日，報酬率 20.01%）
- 投資期間：2010 年 1 月 1 日～ 2013 年 1 月 2 日，共扣款 36 個月。
- 成本：18 萬元。
- 贖回本利和：21 萬 6,018 元。
- 可再投資總金額分 30 個月：7,200 元（＝ 216,018/30）。
- 下一輪每月可扣資金：次月起每月扣 1 萬 2,000 元（＝ 5,000 ＋ 7,000）。

第 2 次贖回（2014 年 5 月 28 日，報酬率 20.05%）
- 投資期間：2013 年 1 月 3 日～ 2014 年 5 月 28 日，共扣款 17 個月。
- 成本：20 萬 4,000 元。其中新錢是 8 萬 5,000 元（＝ 5,000×17）。

◆贖回本利和：24 萬 4,902 元。

◆第 1 次贖回尚未扣完的錢：9 萬 7,018 元（＝ 216,018 － 7,000×17）。

◆可再投資總金額分 30 個月：1 萬 1,397 元（＝（244,902 ＋ 97,018）/30）。

◆下一輪每月可扣資金：次月起每月扣 1 萬 6,000 元（＝ 5,000 ＋ 11,000）。

第 3 次贖回（2017 年 6 月 2 日，報酬率 20.21%）

◆投資期間：2014 年 5 月 29 日～ 2017 年 6 月 2 日，共扣款 36 個月。

◆成本：57 萬 6,000 元。因第 2 次贖回的錢已都扣完，因此除每月 5,000 元，後面 6 個月有每月再投入新錢 1 萬 1,000 元，因此其中新錢是 24 萬 6,000 元（＝ 5,000×36 ＋ 11,000×6）。

◆本利和：69 萬 2,409 元。

◆可再投資總金額分 30 個月：2 萬 3,080 元（＝ 692,409/30）。

◆下一輪每月可扣資金：次月起每月扣 2 萬 8,000 元（＝ 5,000 ＋ 23,000）。

第 4 次贖回（2018 年 6 月 1 日，報酬率 20.72%）

◆投資期間：2017年6月3日～2018年6月1日，共扣款12個月。

◆成本：33萬6,000元。其中新錢是6萬元（＝5,000×12）。

◆本利和：40萬5,619元。

◆第3次贖回尚未扣完的錢：41萬6,409元（＝692,409－23,000×12）。

◆可再投資總金額分30個月：2萬7,400元（＝（405,619＋416,409）/30）。

◆下一輪每月可扣資金：次月起每月扣3萬2,000元（＝5,000＋27,000）。

第5次贖回（2019年9月4日，報酬率20.42%）

◆投資期間：2018年6月2日～2019年9月4日，共扣款15個月。

◆成本：48萬元。其中新錢是7萬5,000元（＝5,000×15）。

◆本利和：57萬8,016元。

◆第4次贖回尚未扣完的錢：41萬7,028元（＝405,619＋416,409－27,000×15）。

◆可再投資總金額分30個月：3萬3,168元（＝（578,016＋417,028）/30）。

◆下一輪每月可扣資金：次月起每月扣 3 萬 8,000 元（＝5,000 ＋ 33,000）。

第 6 次贖回（2020 年 7 月 2 日，報酬率 20.05%）

◆投資期間：2019 年 9 月 5 日～ 2020 年 7 月 2 日，共扣款 10 個月。

◆成本：38 萬元。其中新錢是 5 萬元（＝ 5,000×10）。

◆本利和：45 萬 6,190 元。

◆第 5 次贖回尚未扣完的錢：66 萬 5,044 元（＝ 578,016 ＋ 417,028 － 33,000×10）。

到 2020 年 12 月 31 日為止未再有 20% 可以贖回，因此計算 2010 年 1 月 1 日～ 2020 年 7 月 2 日績效：

◆ 成 本：69 萬 6,000 元（ ＝ 180,000 ＋ 85,000 ＋ 246,000 ＋ 60,000 ＋ 75,000 ＋ 50,000）。

◆ 共 得 本 利 和：112 萬 1,234 元（ ＝ 456,190 ＋ 665,044）。

◆報酬率：61.1%。

2.仰天長笑

◆投資期間： 2010 年 1 月 1 日～ 2020 年 7 月 2 日。

◆每月扣款金額：5,000 元。

◆投資方式：每月扣款，期間未停扣、未贖回，截至 2020
年 7 月 2 日計算報酬率結果如下：

◆成本：63 萬元。

◆贖回後本利和：193 萬 9,814 元。

◆報酬率：207.9%。

以上兩種方式的比較結果如下：

1. 仰天長笑終究報酬率較高，本利和較多。

2. 基金養基金牽涉到分 24 次或 30 次或 36 次，想必影響
最後的結果，本試算是取了中間的 30 次試算。

3. 仰天長笑過程要等待很久，是一種人性考驗，但只要撐過
5 年，當報酬率達一定程度後（例如 50%），接下來波動心中
的澎湃會相對小，因為再怎麼樣跌，報酬率應還可維持正的，
且每月都投 5,000 元。

4. 小微笑＋基金養基金可以適時停利，少掉一些波動的折
磨，但贖回後要再加碼扣，愈加愈多，若剛好贖回後有一段大

跌，其實也是人性的一大考驗。

　5. 若一直都扣 5,000 元，都不加碼（基金養基金），不用我算你應該知道最終會差很多很多。

　從以上可得出結論，挑什麼方法，自己仔細想清楚再決定，能成功最重要。還有，不能一輩子都只扣 5,000 元，在扣款的歲月中，一定要增加扣款金額，如此才能加速累積資產。

3-14

用複合投資法
提高「基金養基金」獲利

　　複合投資法，也有人稱為「母子投資法」，其實是基金養基金的一種，最大的不同是，基金養基金停利後的本利和一般都又回到銀行帳戶，而複合投資法是把準備要扣款的錢先購入保守的基金（稱母基金），以享有比活存高一些的報酬率。有些基金平台或投信公司會提供這類的自動化服務，運作機制如下：

用偏保守母基金，搭配買進積極子基金

　　1. 先單筆買 1 檔相對保守的母基金（沒有配息，因為不是要用息去買子基金）。

　　2. 再每月從母基金定期「贖回」一筆錢轉去定時定額子基金，好比每月從你銀行帳戶扣一筆錢去定時定額，只是現在用母基金取代了你銀行的帳戶（詳見圖 1）。

　　3. 因為母基金是單筆買入，又要每月定期贖回，因此母基金

圖1 子基金每月扣款金額來自母基金
──複合投資法示意圖

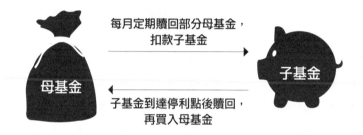

一定是偏保守的基金,例如貨幣基金(最保守)、全球債券基金(主要是高投資等級的債券)、平衡型基金(但也是偏保守的平衡型)。注意,非投資等級債券基金、新興市場債券基金、新興市場本地貨幣債基金都不會是母基金的選項。

至於到底要挑哪一種當母基金,也取決於個人的接受度,但正確的觀念是,不是要在母基金賺很多錢,是希望:

①報酬率能比放銀行定存多一些。
②把未來 2 年～ 3 年要扣款的錢都一次備妥(因為已經一次單筆買入了),免於斷炊,就不至於停扣。

4. 當子基金的停利點到了，有些平台系統會自動贖回再轉去買母基金，此時母基金會比原來申購時的金額還大。同時除了原本挑的子基金繼續扣款外，因為母基金錢變多了，所以可能可以多扣一檔基金，這種做法等同於我前述的基金養基金。

5. 要實施此方法，一定要找有開辦的投信、銀行或基金平台，且能做到自動停利（不是只有提示停利點到了）。如此不但方便，也必能享有手續費的優惠，但先決條件是一定要有值得你扣款的子基金。

配置複合投資法需留意4要點

若向投信公司配置此複合投資法，有幾個投資要點可留意：

1.若金額很大，可將其拆成多個複合投資

每個複合投資一開始要先申購母基金。假設母基金的最低申購金額是 24 萬元，而你目前共有 50 萬元要執行複合投資，可將其拆成 2 個複合投資，各 25 萬元。

這麼做的好處是，如果有一天真的急需用錢必須贖回時，不用贖回全部，只需贖回其中一個複合投資即可（即是解約）。好比我們有 50 萬元去銀行存定存，就拆成 2 ～ 5 筆，急需用

錢時只要提前解約其中 1、2 筆即可。

2.同一個複合投資中的子基金，其性質盡量雷同

如果要做不同的配置，可分為幾個不同的複合投資來配置，但是同一個複合投資中的子基金，最好能性質雷同。

性質盡量雷同的意思就是扣款的過程中，子基金進入多空循環的時間長度盡量一致。例如美國與中國負的長度很不一樣；前者牛長熊短，後者熊長牛短（詳見 3-2 中 1 ～ 3 軍的定義）。好處是若真的碰到要解約（就是不再投資了），才能在子基金都是翻正時贖回。

好比說，種了一棵樹（母基金），樹上會長出果實（子基金）。若你想砍樹（全部贖回不再投資了），當然希望所有的果實都熟了，較能全部收成！你不會希望砍樹時，有的果實是紅的，有的果實是綠的。若是子基金中有一檔美國、一檔中國基金，就很容易產生美國基金已達停利點了（或已是正報酬了），但中國因為熊長牛短，還要再等 1 年～ 2 年。

3.以母基金總金額決定扣多少子基金

子基金既然是定時定額，那就至少要扣個 2 年～ 3 年吧！因此把母基金的總金額除以 24 ～ 36（自行找一個數字），就可

算出每月可投多少錢,自然就可知道可投幾檔子基金了。

例如,母基金 30 萬元,30 萬元 /30 = 1 萬元,那麼子基金應該投 1 ～ 3 檔皆可。

4.多個複合投資,可再依資金需求細分時間長短

若已分為 3 個複合投資,那麼可以再以資金需求細分:

①若投入的資金只能放較短(但也至少要 2 年以上),建議母基金要配波動很小的,子基金則要配扣款過程負的時間短的。
②若資金可以放長一點,那麼母基金的波動,及子基金扣款過程負的時間就可依序加大。

運用複合投資法時常見3疑慮

1.單筆買進母基金時,若買在高點會有虧損怎麼辦?

其實你就是糾結在「擔心單筆買進被套牢」。不管是一開始要先單筆買入母基金,或是子基金贖回後重新投入母基金,都是單筆投資,且定時定額贖回的款項基本上都是在波段的高點,這時再把整筆金額一併投入,同樣是買在高點。

由於複合投資法挑選的母基金都相對保守,波動較小,高點

低點不會差很多，縱使買在高點，暫時看到負報酬，但因為波動小，也不用太久就能翻正了。不要忘了，母基金至少要放 2 年以上，是有時間等待翻正的。除非剛好在快 3 年（或 2 年）時變成負的，但此時母基金的錢也剩不多了，就算變成負的，那也無傷大雅了。

2.母基金累積報酬率超過20%要不要贖回？

若你挑了一檔波動較大的母基金，那麼投資期間，的確有可能看到較高的報酬率。假設母基金累積報酬率超過 20%，若贖回固然很好，但也形同不再續扣子基金（因為沒有母基金可以扣款了），只能再重新申請一次複合投資，徒增麻煩。

若你挑了一檔波動很大的母基金，那麼在扣款的過程中，也可能會負很多，那才真是一件麻煩的事。若是運氣差一點，扣沒多久母基金就一直跌，可能母基金就沒錢了，此時子基金還未能獲利（或許還是負的），要嘛就要再加買一筆母基金，要嘛就要停扣了，這不也徒增麻煩嗎？所以，在投信公司提供挑選的母基金選項中，通常不會有波動很大的基金可選，就是為了降低波動度。

3. 複合投資法也要設停利點嗎？

基本上，複合投資法都只針對子基金設定停利點。如果母基

金設停利點就代表要全部贖回、終止契約了，不但定時定額停扣，也失去一開始想把母基金愈滾愈大的目的。因此在正常情況下，整體投資是不會設停利點的，除非你原來的母基金或子基金選得不好，要砍掉重練，或是現實生活中需要用錢。

3-15

用「日日扣」取代單筆加碼
跌深時可有效分散買點

有人在網路上說起「日日扣」，不外乎繞著手續費轉。因為傳統的定時定額，都只能選擇特定的扣款日，例如每月 6 日、16 日、26 日，有些會開放更多日期供選擇。

不過，後來也有投信公司或基金平台，提供「日日扣」的服務，標榜天天都可以是扣款日，有些甚至提供手續費全免優惠。

我有不同的想法。若只是為了省手續費，就去日日扣，真是本末倒置。要知道定時定額需遵循的法則是「停利不停扣」，一旦開了日日扣（假設每次扣 2,000 元，扣 20 天，等於每月扣款 4 萬元），但是股市一直跌一直跌，你要有把握能夠持續不停扣。因此一開始就該想清楚再選擇此方法。

也有人會討論日日扣、週週扣、月月扣，哪一種報酬率較好？撇開手續費不談，還真不能知道最終哪一種最好，硬要我說，我的答案仍是：能成功最好。

惟我一直認為，日日扣的美意是可以自由選擇扣款日，投資人也不是非要強迫自己真的日日扣款。但在有些時候，若能好好地運用，倒不失為一種好用的工具。

例如當一個市場跌深，讓我們很想危機入市時，若每月只扣 1 次～3 次的定時定額，會覺得買太少、賺不了錢，但一想到要單筆就膽怯，就開始煩惱要何時買？分幾次買？怎麼買？⋯⋯這時就是執行日日扣的好時機。

例如，先準備好要投入的單筆是多少錢？這筆錢從現在起約 1～2 個月內扣完（要更長一點也行，依個人保守度而定），那你大概就可以知道資金夠不夠日日扣，資金較少者就用隔日扣或 3 日扣都行。這方法可以讓我們在相對低點的期間，不傷腦筋的買到一些相對低點的成本，不是很方便嗎？

回想看看，2020 年 3 月股市大跌，而大跌的原因又非經濟因素（是疫情造成的），想必反彈的時間不會太久，因此當時買單筆、日日扣、隔日扣、3 日扣等密集扣款的招式，都是可以參考的方法。

Chapter

4

搞懂配息基金

4-1

投資債券型基金前
先學會衡量高配息風險

2023 年 3 月，瑞士信貸（Credit Suisse）發行的 AT1 債
（Additional Tier 1 Capital Bonds，額外第一級資本債券）歸
零事件，讓大家又開始關心起投資債券的風險。事出必有因，
真的只是因為這些發行公司太可惡嗎？也許有些成分是的，但
也有些是投資人自己的輕忽，在高利的誘惑下，往往就忘了風
險了！這也是很多人會被投資詐騙的原因。

配息的基金風靡了多年，而投資人被寵得愈來愈不理性，買
這類基金不是不好，也不是不可，每一類的產品都有它的主要
客群，你不喜歡的產品，別人有需求……等原因，因此我絕對
是認同「產品無罪」的理論。最重要的問題在於你投資前可有
了解它？接受它？沒有弄清楚以上兩點，就胡亂地投資它，能
不出問題嗎？

在買債券或債券型基金時，如何用一些基本的常識來衡量風
險的高低？來學學吧！

配息率不等於報酬率，且會持續變動

「配息率」是一個會把人迷昏的東西，如果你已經投資基金很多年，也讀了很多文章，應該要理解：

1. 配息率「不等於」報酬率。

2. 配息率是以原幣別計算，不是換算成新台幣的配息率（除非是新台幣計價的基金）。

3. 配息率不是固定的，會隨著淨值的高低、配息金額的多寡一直改變。

4. 你第 1 次買進時的配息率是 A%，之後該基金所公布的配息率就再也與「A%」無關了。屬於你的配息率是「每月公布的原幣別配息金額／你購買時的淨值」。

如果日後看到公告的配息率會增加，有 2 大原因：

1. 原幣別配息金額增加了。

2. 淨值下跌了。

而其中，「屬於你的配息率」若增加，只有上述第 1 個原因：「原幣別配息金額增加了」。

從 2022 年以來，可以看到債券基金配息率都增加不少，是

配息金額變多了嗎？這因素很小，主要是因為淨值下跌太多。有人說，升息了，配息應該增加啊！那也要你的基金所持有的債，是在升息之後買進的，才會有比較高的配息。若都是之前買進的，債券配出的債息還是一樣的，如果配息金額真的有增加，那很可能是基金經理人從之前已經領到的債息當中，多配出來一些給你罷了。

評估配息率是否合理，應在買進時與同類型比較

在買債券基金的當下，想要評估配息率合不合理，要記得在「買的當下」比較「同類型的基金」配息率都是多少？

先補充一個觀念，所有債券都會有信用評等（簡稱信評）公司為債券做出評等，3 大信評公司分別是標準普爾（Standard & Poor's）、惠譽（Fitch Group）、穆迪（Moody's）。

就以標準普爾為例（詳見表 1），債券的評等由高至低依序為 AAA、AA、A、BBB、BB、B、CCC、CC、C、D。其中，AAA、AA、A、BBB 屬於投資等級債券，BB、B、CCC、CC、C、D 屬於非投資等級債券。

信用評等愈高的債券，配息率愈低。同樣都是投資等級債券

表1 標準普爾、惠譽BBB級以上評等為投等債
—— 3大機構之債券長期信用評等定義

信用評等	標準普爾	惠譽	穆迪
投資等級	AAA	AAA	Aaa
	AA	AA	Aa
	A	A	A
	BBB	BBB	Baa
非投資等級	BB	BB	Ba
	B	B	B
	CCC	CCC	Caa
	CC	CC	Ca
	C	C	
	D	RD	C
		D	

資料來源：標準普爾、惠譽、穆迪

基金，若投資較多 AAA 到 A 級的債券，整體的配息率就會比較低，但是風險也比較小；若投資較多 BBB 級債券，整體配息率和風險也都會再提高一些。

非投資等級債券基金也是類似的道理。非投資等級債券當中信用等級最高的是 BB 級債券，CCC 級則是信用等級較低、相對風險與配息率都更高的債券，想要拉高配息率，自然就要承

擔多一點風險。

因此，在你買的當下，要記得多與同類型基金比較，了解一般是配多少才合理。超出合理太多，很明顯就是風險太高；好比說，若是同類型的其他檔基金的配息率都是 6% 上下，有一檔偏偏就是 8%，不覺得當中有「貓膩」嗎（編按：「貓膩」最初是指事情有漏洞有馬腳、不合常理。延伸意思是指「不能見光、偷偷摸摸隱蔽之事」）？難道是經理人特別會投資？別天真了，通常是因為這類基金投資了風險較高的產品。

例如，某檔非投資等級債券基金的配息率，如果明顯高出同類型基金，它可能持有 CCC 級債券的比重較高；某檔投資等級債券基金如果配息率特別高，則可能持有 BBB 級債券的比重較高；某檔新興市場債券基金，可能土耳其、墨西哥、阿根廷的投資比重較多（這些都是在新興市場當中，開發程度較低且風險較高的國家）……諸如此類的因素，所以提高了配息率，這明明就是提高風險換取高配息的實例。

或是，若有一種基金類型稱為「目標到期債基金」，有規定「投資 BBB 級以上債券至少要 60%」，而「非投資等級債券基金」則規定「投資 BB 級以下債券至少要 60%」，如果發現兩款的配息率居然一樣，就要有所警覺，因為前者應該是較保守

後者應該是風險較高，配息率怎會一樣？誰不合理？誰風險過高？答案很清楚，該檔目標到期債基金非常不合理，風險過高，還不閃嗎？

因此，兩檔不同投資內容的基金請不要互比。單純的股票型基金、同時投資股債的基金、投資等級債券基金、非投資等級債券基金……它們的配息原本就會不同，也各自該有其合理的配息率。評等低的配息總是比評等高的配息多，不能看到某一檔基金因為配息 9% 就斷言過高不合理，那南非幣計價的非投資等級債配息 30% 是否更不合理？恰恰很合理，因為該產品風險很高，所以付你很高的配息，重點是：「你是否要買風險這麼高的產品」？而不是該產品配息過高不合理。

再次強調，評估配息率是否合理時，要注意是用「在買的當下」來評估。如果發現同樣一檔基金，3 年前配息率 7%，現在變成 9%，就代表不合理嗎？前面說過，原幣別配息金額增加以及淨值下跌，都會使配息率增加。如果該基金長時間的原幣別配息金額都沒變，突然配息率增加很多，顯然就是淨值跌了，那麼配息率變高就是一件很合理的事。

各種債券型基金都有不同的配息率水準和所需承擔的風險，在出手前，有幾個重點要再提醒你：

1. **想買非投資等級債券？**沒有不對，但要知道你是買高風險的產品。

2. **想買新興市場債？**我不建議，因該產品不適合長期投資。

3. **想買南非幣計價的基金？**那就是賭上你的身家，我只能祝福你了。

4. **想買平衡型（股債配置）的基金？**那就先清楚「股」是投資哪個股市和產業？「債」主要是投資什麼債？整體的波動及風險是否可接受？

5. **想買多重收益類基金？**多重收益類基金會同時投資多項收益型資產，一樣要先了解投資哪些種類？綜合後的波動及風險是否可接受？

決定好投資哪類債券型基金後，要從中挑選「配息率合理」的，也就是在同類型中比較合理性了。倘若決定買非投資等級債券基金，而市場上有 10 檔讓你選擇，其中有某檔基金比其他的配息率多很多，就應知道該基金的風險會特別高，通常是低評等且高風險的債券（如 CCC 級的）比率特別高。若你想投資得安心一些，就剔除這檔基金吧！

對配息合理性有正確認知，就不怕買錯商品

回到文章開頭提到的 AT1 債券事件，該債券是由金融集團瑞

士信貸所發行的「應急可轉債」。這種可轉債在平常沒事時，發行機構會正常支付利息給投資人，當發生危機到達特定的標準時，這種可轉債可被轉換為普通股或減記。

而在 2023 年 3 月時，瑞士信貸集團爆發了財務危機，經過政府介入之後，被瑞士銀行合併。監管機構瑞士金融市場監管局則宣布，當初瑞士信貸所發行的 AT1 債券全數減記為零，也就是債券的本金全數歸零，這也讓所有 AT1 債券的投資人血本無歸。

該債券在銷售時，市場將其歸為投資等級，原因是：一般可轉債大多未受評級，而回歸發行者的評級，瑞士信貸的評級是 A，因此大家將 AT1 歸為投資等級。而當年發行時是低利率時代，同類型的債券配息率是多少？一查便知。但這檔 AT1 卻標榜 7%、10% 的配息率，投資人被高配息吸引，渾然不知一檔等級不差的債券，為何要以高利來向你借錢，「貓膩」就在其公開說明書中。

公開說明書會寫清楚，包括此可轉債何時可轉為股票？甚至在某種情況下（如購併）該可轉債會歸零……，這些種種規定都是發行公司說了算，所以才會付你較高的利息，又是一個用高風險換取高配息的實例。

大部分的人應該都不太看公開說明書的。分享這個例子是要提醒你，買這種配息很吸引人的商品之前，一定要認清什麼產品該有什麼合理配息。若能有此認知，看到一檔投資等級債券在低利率時代發行，卻給你 10% 的配息，不用看公開說明書也該知道非常不合理，就應該拒買才對。若想找為何要付你高配息的原因，答案自然翻翻公開說明書即知（詳見附錄 2）。

總歸債券都不出這些貓膩，高配息必定伴隨著高風險，只是投資人一直裝瞎而已。

非投資等級債券基金，不建議作退休主力產品

事實上，會想買高配息基金的人，經常是退休族（包括即將退休的族群），因為需要現金流收入作為生活費。不過矛盾的是，退休族最需要穩定收入，這時若挑標榜高配息的非投資等級債券基金，反而會陷入較高的風險。切記，非投資等級債券基金從來都不是低風險的產品！

退休族可以好好盤點一下自己的資產：

如果在退休時存有 1 億元，只靠活存或定存就可以過日子了，光是花本金，都有可能花不完。若不想花本金，那麼買美國公

債基金或 ETF，假設現金殖利率 2%～3%，1 年能有 200 萬～300 萬元的現金流入。

如果能存有 5,000 萬元，那麼買投資等級公司債或 ETF 就好了。假設每年領 4%～5% 的配息，1 年可領 200 萬～250 萬元的現金流入。

不過，不是人人都能在退休前存到 5,000 萬元到上億元，誰不想買風險低的？即使逼不得已要買風險高一點的，也必須想辦法降低風險。例如，真要買非投資等級債券基金，也不要買 CCC 級（含以下）債券比重太高的、要把握長期投資原則、不要買波動度無法接受的基金……等。

但一般人最常做錯什麼？明明資產有 3,000 萬元，錢也不是那麼不夠，只要撥出一部分資金貼補現金流的不足就好，就偏偏要把 3,000 萬元都拿去買標榜高配息的非投資等級債，或是新興市場本地貨幣債，又專挑 CCC 級債券比重很高的、南非幣計價的，又受不了風吹草動，又無法長期投資，只好中途退出，結果一敗塗地，退休生活怎麼會過得好？

投資忌諱「貪」，與我的人生觀一樣：知足常樂！

掌握買債3要素＋8字訣
才能挑到合適標的

　　從 2008 年後，台灣投資人甚是喜愛配息的債券基金，尤其是月配息基金，喜歡每月現金流入袋的感覺，且從 2008 年開始，到 2020 年阿根廷主權債違約前的這段市場低利率期間，債券市場幾乎沒什麼風波。也由於之前買的人沒有大虧損，自然助長更多人參與。

　　但從阿根廷主權債違約後，市場風波不斷，後來又碰上 2022 年歐美暴力升息，參與的人開始承受前所未有的痛苦。通常大家會買月配息的債券基金，都是看上它的高配息，一旦發生問題的時候，才會驚覺好像沒有這麼單純。

　　買債券基金這類產品時，應該要有正確觀念及期待。也許你希望「配息」與「資本利得」全都要，但回歸債券的本質，債券投資人（含法人）都是以持有到期為目的，只要持有到期就能領到原始本金和所有利息，10 年期的債券就持有 10 年，20 年期的債券就持有 20 年。

　　如果不是在債券一開始發行時購買，而是在債券的交易市場上購買，且幸運買在低點，在有資本利得時，或許未到期就能先賣掉，將資本利得落袋了。但此種情況相對少數，大部分會持有債券的投資人，都還是以持有到期領息為目的。

　　而我們一般小散戶若會接觸債券，買的都是債券型基金，也就是由基金經理人挑選的一籃子債券組合。也因為不會實際面對持有債券到期能夠領回本金及利息這件事，因此看著基金淨值隨著債券市價上下波動，尤其是帳上出現明顯的負報酬時，就會難以忍受，認為自己是賺了利息、賠了價差。

賺債券基金價差非易事，長期領息較容易賺錢

　　既然債券本身就是為了讓人領回本金＋利息的產品，那麼我們一般散戶買債券基金時，也應該要追求「持有、領息」為目的，這也是為什麼我通常會建議大家，應該要用「以配息為目的」的心態買它，只有這樣勝率才是最大的。

　　或許你總想著，若能買在低點最好，但回到現實面，當淨值真的暴跌到低點時，你能克服心中的恐懼去買它嗎？還有，往往淨值是低點時，匯率通常不完美，也就是淨值與匯率很難兩全。因此債券基金要賺資本利得，著實比股票型基金難多了。

我們還是乖乖地以配息為目的吧！意思就是你有現金流的需求時，再來買此類的配息基金。否則 10 年、20 年後，跟好的股票型基金一比，會很懊惱報酬率怎麼差那麼多？

在此思考下，我才不斷強調「買債 3 要素」：

1. 以配息為目的。
2. 不在乎淨值的波動。
3. 長期投資（10 年以上）。

以上 3 項要問自己是否都做得到？只要有一項做不到，此類基金就不是你的菜，別買了！

其中第 3 要素「長期投資」是為了增加勝率，因為投資時間愈長，從頭到尾累積所領的息就愈多。好比若投資了 100 萬元，第 1 年領息 5 萬元，第 2 年領息 5 萬元，第 3 年領 4 萬 8,000 元……，累積領到的息愈來愈多，當有一天累積領回相當於本金的 100 萬元時，也等同告訴你：從此以後不管淨值再怎麼跌，你都不會賠了。

但話說回來，要能長期投資，所選的產品何等重要！必須是要讓你能無畏且抱得住的產品，且在抱的過程中要做到「不在

乎淨值的波動」，才能夠真正的贏到最後。

用「配息滿意，波動接受」8字訣挑配息基金

為了能完美做到買債 3 要素，慎選產品格外重要！偏偏很多投資人選此類產品時，只以配息率高低當成首要條件，完全忽視「高配息，高風險」的觀念。

試想，一檔基金能有高配息，自然是因為持有高風險的標的，而高風險標的在逆風來時，都以暴跌呈現，如此你怎能做到「不在乎淨值的波動」？奉勸大家，千萬別跟自己的荷包過不去，確實的用「配息滿意，波動接受」這 8 字訣挑基金吧！

這 8 個字依然是要真心的問自己。就以南非幣計價的債券基金為例，它可能給你 10%、15% 的「原幣別」配息率，但帳上的淨值報酬率卻可能是 -20%、-50%……。若你對配息超滿意，但完全無法接受它的波動，你就不該買！

又好比美國公債基金，配息都嫌太少、不滿意，但卻可以接受它的波動，其實也意味著你對這樣的基金沒興趣……諸如此類問題都要想清楚。看到這裡你也應該了解，這 8 字訣的意義就是找一個自己內心的平衡點，只有這樣才能完美做到買債 3

要素,而買此類基金也才有意義。

各類型債券基金挑選重點

已經知道買此類基金要具備上述「買債 3 要素」,接下來我們就依照挑配息基金的 8 字訣「配息滿意,波動接受」,來進一步協助你過濾,希望你千萬別再買到不適合自己的基金了。依照不同基金的類型,要過濾的重點分別如下:

投資等級公司債基金》BBB級比重不宜過高

在景氣下滑時,最怕債券被降評,投資等級債券裡等級最低的 BBB 級債券若被降評,就會變成「非投資等級債券」了,也就沒資格成為投資等級債券基金可買的標的,此時基金經理人只能將之拋售來符合規定。

債券等級被降級,價格是必跌的,此時拋售無非就是認賠,多少會影響基金淨值的波動。要是 BBB 級債券的比重多了,基金淨值波動風險自然更高,就難保你能做到「不在乎淨值的波動」了。

非投資等級公司債基金》CCC級(含)以下不宜過高

同樣在景氣下滑時,CCC 級(含)以下的債券很容易出現

違約，違約可不是拋售即可，是「本」已沒了，自然以後也沒有「息」可以領了。因此它影響的是：基金淨值下跌，配息變少。為了降低風險，只有CCC級（含）以下的債券比重低一點，踩雷的機率也就能降低。

至於CCC級，或前述BBB級債券比重不宜過高，多少以上叫高並沒有標準值，要與同類型基金比較。例如，有5檔非投資等級公司債基金，其CCC級（含）以下債券的比重分別為：8%、7.5%、8.3%、9%、14%；很明顯可以看出，比重14%就是過高了（想要查詢債券基金的持債比重，可以查看基金的發行公司網站或是該基金的月報）。

新興市場債券基金》長期投資也不要碰

新興市場本地貨幣債基金與新興市場債券基金（詳見6-1），其屬性非常不適合長期投資。既然不適合長期投資，也就是做不到買債3要素，挑選基金時自然要將其屏除在外。

目標到期債基金》遠離配息率過高者

目標到期債基金，魔鬼藏在細節裡（詳見6-2），若發現其配息率接近（或高於）非投資等級債券基金就最好遠離它，尤其以投資新興市場為主的、非投資等級債中CCC級比重過高的，都不要碰。

平衡型基金》個別檢視股、債波動度

在股票的部分，就回到這檔平衡型基金主要是投資 1 軍、2 軍或 3 軍？如果它投資了許多 3 軍或 2 軍，你會想買嗎？債券部分就回到上述債的檢視法，假如都投資在新興市場債，或 CCC 級債券占比很高的非投資等級債券基金，你願意承受這些風險嗎？

另外，有些基金還會配置選擇權，這就會增添淨值的波動度，當然就回歸「自己能否接受波動」。

其他注意事項

1. **避開所有南非幣計價的基金**：南非幣又稱「雜幣」，根本非市場上流通的貨幣，你那麼愛嗎？應該是銷售端（銀行）更愛吧！因為它們賺最大，要不要去銀行牌告看看南非幣買、賣的價差有多大？全世界也只有台灣人對南非幣趨之若鶩，該貨幣風險波動都很高，既要長期投資就必須避免，因此所有基金都不能選南非幣計價的。

2. **買債券基金領息不適用小額定時定額投資**：此類型基金不適用小額定時定額投資，因為用此方法投資效益很差。查看各類型基金定時定額 10 年的報酬率比較表（詳見 3-2），可明確知道差距甚大。

無法做到買債3要素，斷捨離是最佳選擇

最後分享一個網友的提問，「我有一檔 ○○ 非投資等級公司債券基金，買 3 年不曾贖回，之前正報酬時我沒有贖回，現在 -17.05% 報酬率，我等它漲已經等 1 年多了沒有好消息，一直負下去。請問還能繼續投資下去嗎？還是再攤平買入？」

如果你也有類似的疑問，我還是老話幾句：

1. 如果你之前還沒明白「買債 3 要素」而誤入叢林，但是現在懂了，也知道自己根本無法做到，那請立即斷捨離，不要拖拖拉拉、留來留去留成仇。

2. 如果你確實是做得到買債 3 要素，現在請 Check 該基金有沒有符合上述各類型債券基金挑選重點。如果發現你的基金不適合長期投資，也請立即斷捨離。

3. 該不該再買入攤低成本？如果你做不到買債 3 要素，或縱使做得到但買錯了產品，甚或是你的現金流已經夠了，都不該再買入，只為了攤平。攤平應該只為了撫平你心中的不爽吧？投資理性一點！

4-3

看懂基金配息來源
重新理解「配息來自本金」

　　標榜穩定配息的基金，包括債券型基金、多重收益基金……等，基金名稱後方常見到令人怵目驚心的警語「本基金配息來源來自本金」，讓投資人心生膽怯，到底這種基金能不能投資？其實，「本金」對不同的人所理解的意義不同：

法規定義上的本金與投資人一般認知不同

　　1. **對投資人而言的本金**：就是指投資人的原始申購金額。

　　2. **對基金經理人而言的本金**：指的是基金淨值本身。經理人面對債券所配出來的息時，需要考量該盡可能配給投資人？還是留一些在淨值當中？因為他要考慮近期淨值是否下跌太多，要先拿一些息填補淨值的下跌？因為這些考量，才會出現有許多全委（全權委託）的產品，會訂下淨值跌到多少就不配息的條款，例如當每股淨值低於 8 元就不配息之類的。結果自然是配息會變少，但淨值下跌的幅度也會因此縮小。

3. 法規上定義的本金：最為複雜，也最令人困擾，容易造成誤解。

投資人認知的本金是當時的原始申購金額，這與當時的原始申購淨值是息息相關的，而每一個人的原始申購淨值都不同，卻要用一句話去適用，大家自然會產生誤解。

回頭看，法規定義的本金真義又是什麼？簡單的說，如果基金這個月從市場領回的債息沒有配出來，或只配出一部分，那麼沒有配給投資人的部分就會暫時先放入淨值（淨值會因此增加）。等到下個月或日後再拿出來配時，就會是主管機關定義的「配本金」。

同樣的，如果當下賺到資本利得沒有馬上配，日後再慢慢配，都叫做配本金。因此，法規上定義的本金可以這樣表示：

本金＝資本利得＋前期未分配收益＋投資基金的初始金額

從投資人角度理解基金配息來龍去脈

所以我說的誤解，就是指投資人認定的本金，與基金警語所說的本金不相同，你說能不誤解嗎？

但主管機關為什麼要求非要寫上這句讓大家誤解的警語，其實這句話對想買的人有某種警示作用的。

例如，某檔配息基金目前的每單位淨值是 10 元，10 元中含過去領到的 1 元債息但尚未配發。投資人 A 君今日買進該檔基金，申購淨值當然是 10 元，也就是 A 君的本金為每單位 10 元。

次月，該基金配息將過去尚未配的 1 元拿出來配。對於比 A 君更早買的原有投資人而言，這尚未配發的 1 元，是他們更早之前買入時，基金將領到的息放入淨值，當初他們申購時的淨值並未包含這 1 元。然而等到 A 君買的時候，這 1 元已經含在淨值中了，也就是已經算是 A 君的成本了。因此次月該基金把這 1 元拿出來配時，自然就像從他的成本拿出來配一樣。

但如果 A 君買了以後，該檔基金又從持有債券中領到 2 元的息，自然這 2 元的息並不算是在 A 君的本金（淨值）中，即使日後該檔基金配發這 2 元的息，也不算配 A 君的本金。

了解了整個來龍去脈就能知道，每個人的情況都不一樣，能沒有誤解嗎？

你的疑慮是，「我買的基金，配的息有沒有配到本金？」不

管是哪種定義，如果要讓大家容易理解，只能回到投資人所認定的「本金＝實質原始申購金額」去解讀：

①只要你的總報酬率「資本利得（損）＋總配息」是「正」的，那麼每次的配息都是實實在在的配息，沒有配本金的問題。

②若你的總報酬率「資本利得（損）＋總配息」是「負」的，那每次的配息都是在填補你的本金，實質上就像配本金。

③總報酬率原來是負的，等到你的總報酬率「資本利得（損）＋總配息」又變成「正」的，那麼每次的配息都是實實在在的配息，沒有實質配本金的問題。

股票、債券基金配息來源各不同

基金配發給投資人的息，主要是來自於所投資的標的，一起來盤點一下配息來源到底有哪些？

債券基金》主要來自債券資本利得與債息

債券基金的投資標的是債券，主要又分為投資「歐美國家公債」、「投資等級公司債」、「非投資等級公司債」、「美元計價新興市場公債」、「美元計價新興市場公司債」、「新興市場本地貨幣公債」、「新興市場本地貨幣公司債」……等，不管是哪種債，其主要的配息來源就是「資本利得」及「債息」。

1. **資本利得**：不是一直都有。當債券的價格愈漲愈多時才買入，資本利得自然愈來愈少，此時就會影響配息的多寡。例如 2008 年金融海嘯時，因為所有資產大跌，除了有避險性質的歐美公債外，其他的債券當然免不了受到波及。如果基金經理人能在低點買進，當然就能創造許多的資本利得，所以在 2009 年～ 2013 年債券基金的配息來源中都含有資本利得，那段時間的原幣別配息是比較多的。但 2014 年後，資本利得已逐漸縮小或沒有，配息來源大多就只有債息了。

2. **債息**：只要債券基金所買的債沒有發生違約，都會如期領到債息。而債息從發行日到到期日都是固定的，也就是俗稱的「票面利息」，它不會隨著發行公司營收的多寡而改變。

有人總會問，債券價格大跌時，配息是否也會大縮水？當然不會，債券價格大跌只是影響淨值大跌，並沒有影響票面利息。例如一檔本金 100 萬元的債券，票面利息 3%，每年配息 1 次，那麼只要這檔債券沒有違約，不管債券在市場上的交易價格漲或跌，每年就會配出 3 萬元（＝ 100 萬元 ×3%）的債息。

那麼，什麼狀況會影響債券配息減少呢？債券總會有到期日，到期日到了就能拿回本金。債券基金的經理人在債券到期時，都會再買新的債，但如果新買債券的票面利息，比原來到

期的債券票面利息低,那自然會影響往後的配息。像是 2016 年～ 2018 年剛好是許多債券的到期時間,那時許多的債券基金都在買入新的債,而當時因為是低利率,新買的債券票面利息一定更低,投資人也應該有發現當時的原幣別配息率有降低。

然而,2022 年之後已經是升息環境,為什麼有些配息基金的配息沒有明顯增加,有的甚至調降每單位配息金額?大家總認為升息了,領到的配息就該增加,真是這樣?

同樣的道理,若基金的投資組合中的債券都是未升息前買的,那票面利息會隨著升息就增加嗎?當然不會,票面利息在發行當天就固定不會動了,也就不會跟著升息而增加,除非剛有債券到期,重新買入新發行、票面利率更高的債券。

因此無論是升息或降息,調降配息都是有可能發生的,投資人必須要有這樣的基本體認。若發現你買的基金在升息期間有調高配息,要嘛就是基金正好新買入更高票面利率的債券,要嘛就是基金只是從之前已領但未配出的債息撥出一些配給你。

股票型基金》主要來自股票資本利得與股息

配息基金中有些會是高股息或平衡型基金,總之就是買股票。而投資股票能拿來當配息來源的,同樣也是「資本利得」

及「股息」。

1. **資本利得**：一樣不是一直都有。當整體股市陷入空頭，或是已漲到相對高點，基金經理人不易透過操作股票獲利時，資本利得當然就愈來愈少，自然就影響了配息率。

有些股票可以獲取較高的資本利得（如科技股），有些股票資本利得就較少（如高股息股），這些大家都必須清楚。但相反的，當跌的時候，科技股跌幅可比高股息股大，還是那句投資不變的原理：高報酬高風險，高配息高波動。

2. **股息**：股息不同於債息，可以買入後年年領到固定的配息。股息是隨著該公司的獲利多寡而增減——獲利好，多配一點；獲利差，則股息少一點、甚至不發放股息。

所以，配息基金若是持有股票資產，其配息就不如純債券基金穩定。例如金融海嘯時，許多股票是不配息的，但債券基金可是照樣領利息。而高股息股票的配息狀況，相較於一般股票會更為穩定，但也不如債券能有固定的票面利息。

其他》部分基金透過選擇權、可轉債等增加配息來源

1. **選擇權**：有些基金可能會採取「選擇權」交易來創造收益

圖1 部分基金可能會交易選擇權以創造收益
──以施羅德環球基金系列-歐洲股息基金為例

基金名稱	施羅德環球基金系列-歐洲股息基金(美元避險)A-月配固定(基金之配息來源可能為本金)		
英文名稱	Schroder ISF European Dividend Maximiser A Distribution USD Hedged MF		
境外發行公司	施羅德環球基金系列	註冊地	盧森堡
台灣總代理	施羅德投信	計價幣別	美元
成立日期	2014/04/16	總代理基金生效日	2015/01/29
基金核准生效日	2015/01/29	國人投資比重	3.96% (2023/6/30)
基金規模	232.22 百萬歐元 (2023/7/31)	投資區域	歐洲
基金類型	區域型基金	風險報酬等級 ?	RR4
文件下載	財報 / 公開說明書 / 投資人須知（專屬，一般）/ 基金月報		
指標指數	MSCI Europe NR		
投資策略	1.投資聚焦歐洲高股息及具股息成長，價值低估但具資本成長潛力的股票。2.本基金具有雙重收息來源，包含股息和選擇權利金收入。3.本基金根據ESG環境、社會和公司治理進行管理，因此在評估企業時會考慮氣候變化、環境影響、勞動條件或董事會組成等可能影響公司價值的因素。		

資料來源：MoneyDJ 理財網

（詳見圖1），如果操作得宜，基金可藉由選擇權創造額外獲利，進而提升淨值，或將獲利作為配息的一部分。相對的，要是操作失當，當然也會導致基金淨值減損。以下我盡量用簡單的方式來說明何謂選擇權。

選擇權是一種契約，一種權利的交易，也就是「你有權利決定是否要履行契約」，也可以選擇要「買」這個權利或「賣」

這個權利。既然是一種契約，那就會有到期日，而要想有權利就必須先付權利金。契約當中記載著權利，權利的交易就是在集中市場掛牌買賣，而其市價就是先付的權利金，以下舉一個例子：

選擇權契約內容為「2024 年 3 月 1 日可以用每股 550 元買進台積電」。若此選擇權於 2023 年 12 月 1 日掛牌買賣，且第 1 天上市價格是每股 10 元，如當天或以後台積電（2330）的市價大於 550 元，那麼選擇權的價格也會跟著漲，但如果台積電的市價小於 550 元，那麼選擇權的價格就會跟著跌。

如果你擁有了此選擇權且是用 10 元買進的，到了 2024 年 3 月 1 日時台積電的市價是 600 元，那麼你肯定會去執行你的權利，因為每股就能賺進 40 元（＝ 600 － 550 － 10）。但如果 2024 年 3 月 1 日台積電的市價是 500 元，相信不會有人去執行此權利，而此選擇權因為期限到了也就下市了，最終你就損失了 10 元。

從以上的例子不難明白，選擇權因為有以小搏大的特質，看對了就是賺更多，看錯了就是賠錢。

簡單的說，如果一檔基金有做多選擇權，假設投資成本 100

元，那麼除了股票上漲賺到錢外，選擇權可再額外多賺一筆錢；但如果股票跌、選擇權也出現損失，比起一般單純只投資股票的基金，這檔有操作選擇權的基金當然就跌得更多。如果又碰到選擇權期限到了，那麼股票只要等待反彈回來就好，但之前投資選擇權的 100 元已經歸零了。再度證明：高報酬高風險，高配息高波動。

2. 可轉債、REITs 等：可轉債在還沒轉成股票前是屬於債券的性質，一樣會配發債息，轉成股票後就屬於股票的特性了。其他資產還有不動產投資信託（REITs）、外幣……等，這裡就不再闡述了。

永遠要記得，愈高的配息，意味著愈高的波動。投資人要享有高配息，就要想到必須接受高風險這件事。

4-4

破除配息回本及計價幣別迷思 建立2正確觀念

老是有人說：「如果買約11%的配息型基金，是不是7年多就可以回本了？之後都是賺的……。」「要解決匯率問題，那就買新台幣計價的債券型基金。」「7%配息率是不是領15年就能回本？」會有類似這樣的錯誤認知，最大的癥結點還是在於對基金配息率有一些誤解，一一說明如下：

1. 雖然你我買的是同一檔基金，但屬於你我的配息率是不同的！每月基金公司公告的配息率，也不是你的配息率。

2. 同一檔基金會發行不同的計價幣別，不同計價幣別的配息率自然不同，但配息率較高不見得你最終報酬率就較優，還有匯率要考慮。

而且新台幣計價的基金，不代表就沒有匯率問題，除非投資標的也是在台灣（例如台股基金）。如果發現銷售人員再胡亂講這種不專業的話術，投資人自己要有所警覺，可別上當了。

趕快改正你過去錯誤的認知,現在起請建立正確的觀念:

觀念1》買進基金時的配息率,不等於公告配息率

基金公告的都是「年化配息率」,公式是:

公告的基金年化配息率=每單位配息金額 ÷ 配息基準日的基金淨值 ×1 年配息次數 ×100%

投資人的基金年化配息率=每單位配息金額 ÷ 投資人申購的基金淨值 ×1 年配息次數 ×100%

以聯博美國收益基金 AA(穩定月配)級別美元這檔基金為例,2023 年 8 月 30 日是配息基準日,隔天除息每單位 0.0605 美元,除以 2023 年 8 月 30 日每單位淨值 9.6 美元,再乘以 1 年配息次數 12,就能算出這個月的年化配息率是 7.56%(詳見圖 1)。

不過,其實當你買進這檔基金以後,之後每期公告的年化配息率就已與你無關了,你要看的是「屬於你的年化配息率」,那就不會一直都是 7% 或 11% 了。例如,你是在 2022 年初以每單位淨值 11.8 美元買進,那麼 2023 年 8 月每單位配息

0.0605 美元，屬於你的年化配息率就是 6.15%（＝每單位配息金額 0.0605 美元 ÷ 你申購的淨值 11.8 美元 ×1 年配息次數 ×100%）。

而買進之後，也請務必留意：

1. 每單位的配息金額不會永遠不變，代入公式，算出來的年化配息率就會不一樣。

2. 因為有匯率問題，所以換算成新台幣時，每月能實際領到的新台幣金額也不同。

觀念2》新台幣計價的基金，不代表沒有匯率問題

同一檔基金但不同的計價幣別，每月所公告的原始配息金額自然不同，只要是外幣計價的基金，會以原幣別配息金額換算成新台幣，再匯入你的銀行帳戶。而新台幣計價的是公告時已經先換算成新台幣了，因此何來沒有匯率問題？

以上就足以說明開頭所提到「如果買約 11% 的配息型基金，是不是 7 年多就可以回本了？之後都是賺的……。」「要解決匯率問題，那就買新台幣計價的債券型基金。」「7% 配息率是不是領 15 年就能回本？」都是錯的！

圖1 用配息金額、淨值算出基金年化配息率

聯博美國收益基金AA（穩定月配）級別美元配息

配息基準日	除息日	發放日	狀態	每單位分配金額	年化配息率%	幣別	備註
2023/08/30	2023/08/31	N/A	配息	❷ 0.0605	❶ 7.56	美元	
2023/07/28	2023/07/31	N/A	配息	0.0605	7.49	美元	
2023/06/29	2023/06/30	N/A	配息	0.0605	7.52	美元	
2023/05/30	2023/05/31	N/A	配息	0.0605	7.47	美元	
2023/04/27	2023/04/28	N/A	配息	0.0605	7.39	美元	

聯博美國收益基金AA（穩定月配）級別美元淨值

日期	淨值	日期	淨值
09/25	9.3800	09/11	
09/22	9.4200	09/08	
09/21	9.3900	09/07	
09/20	9.4500	09/06	
09/19	9.4500	09/05	9.4900
09/18	9.4700	09/01	9.5300
09/15	9.4800	08/31	9.5500
09/14	9.4900	❸ 08/30	9.6000

當期年化配息率7.56%❶
＝每單位配息金額0.0605美元❷
÷配息基準日的基金淨值9.6美元❸
×1年配息次數12×100%

資料來源：基智網

真的要實際計算你每月、每年能領多少利息，多久後真的回本？也不難啊！善用 Excel 表，表頭設定為：日期、申購金額、配息金額。每月自己動手填一下配息金額，一切就搞定了。

4-5

將基金配息再投資
可創造「類複利」效果

投資時大家總是希望知道,如何投資會有複利效果?

所謂的複利效果,是指將投資本金所創造的獲利(包括資本利得與利息),再滾回本金繼續投資,假設年年都是正報酬,日後的獲利也會愈來愈多。如果本金一直維持初始金額,有獲利就領出來花掉,這筆投資就不會有複利效果。

如果要回到數學上所學的專有名詞「複利」,我想,買配息基金領息這件事,自然是不符合標準的複利定義。為避免混淆,姑且稱之為「類複利效果」。

累積型基金淨值不會因配息降低

基金怎樣才有「類複利效果」?同一檔基金若有分別發行累積型和配息型,大家總是會拿兩者績效比一比。長期來看,累積型的報酬率總是高於配息型的,那麼是不是只有累積型的基

金有類複利效果？

　　其實不然，因為累積型基金的意思，是指每期（每月、每季或每年）應該要配給你的利息「不配出來」，該筆利息就滾入淨值中繼續投資該檔基金，因此基金淨值不會因為每次配息而跟著減少。

　　而配息型基金則是在配息的當天，直接將淨值減去配發的利息，淨值就會因此減少。

　　以累積型的「聯博美國收益 A2 級別美元」和月配息型的「聯博美國收益 AT 級別美元」近 5 年的淨值走勢為例，2020 年 3 月時都因為新冠肺炎疫情暴跌，之後兩檔淨值都出現回升，只是有以下差異：

　　1. 累積型的 A2 級別基金：2021 年時，淨值曾上漲超過疫情前的高點。而後淨值又開始下跌，但在 2022 年最低點時，淨值都仍高於疫情前低點（詳見圖 1）。

　　2. 配息型的 AT 級別基金：2021 年時淨值漲至相對高點時，仍低於疫情前高點。而後淨值又開始下跌，2022 年最低點則遠低於疫情前低點（詳見圖 2）。

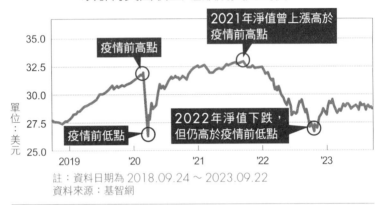

圖1 2022年累積型基金低點高於疫情前低點
——以聯博美國收益A2級別美元為例

> 註：資料日期為 2018.09.24 ～ 2023.09.22
> 資料來源：基智網

不過，在計算基金的「總報酬率」時，都會連同配息一起計算，也就是假設配息型基金的配息會滾入原基金繼續投資，因此兩者算出來的總報酬率其實是非常相近，只是累積型的報酬率常會略高於配息型（詳見表1）。

例如，比較累積型的「聯博美國收益 A2 級別美元」和月配息型的「聯博美國收益 AT 級別美元」：

截至 2023 年 9 月 22 日，前者的 10 年總報酬率為 19.94%，後者為 19.89%；前者 5 年總報酬率 3.22%，後者

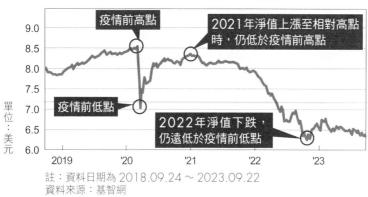

圖2 **2022年配息型基金低點低於疫情前低點**
——以聯博美國收益AT級別美元為例

註：資料日期為 2018.09.24 ～ 2023.09.22
資料來源：基智網

為 3.17%。

　　事實上，配息型基金配給你的配息，就算不滾入原基金再投資，而是用來做其他能產生正報酬的投資，同樣可以創造出類複利效果。

　　另外，也有投資朋友跟我分享，他把每月配的息，拿去買了每天都要消費的星巴克咖啡。

　　從累積財富的角度來看，這樣的確沒有數學上的複利效果。

表1 同基金累積型之總報酬率，常略高於配息型

基金	總報酬率（%）	
	10年 （**2013.09.24～2023.09.22**）	
聯博美國收益A2級別美元	19.94	
聯博美國收益AT級別美元	19.89	

註：該基金 A2 級別為累積型，AT 級別為月配息型，皆有相當比重投資於非投資
　　等級之高風險債券且配息來源可能為本金

但是，許多人買配息型基金的目的，就是有現金收入的需求，
如果不是用在投資上、不去量化它，而是投入在生活上，不也
是一種「類複利效果」嗎？好比說，把每月的息運用在：

　◆持續升息造成房貸支出增加，用領到的息去貼補每月的房貸
支出。

　◆每天一杯咖啡，精神愉快，提振工作效益。

　◆用在定期旅遊，讓全家人都開心。

　◆拿去繳保單的費用，為自己和家人增加保障。

　◆或當成每月的孝親費，無價……。

　林林總總的例子有很多，不過，如果你還很年輕，或正處在

——同檔基金之累積型、配息型總報酬率比較

	5年 （2018.09.24～ 2023.09.22）	1年 （2022.09.23～ 2023.09.22）	6個月 （2023.03.31～ 2023.09.22）
	3.22	3.93	-0.83
	3.17	3.85	-0.87

資料來源：基智網

累積資產的人生階段，需要多多存錢，那麼最好把目標放在財富的增長，思考如何將領到的配息盡可能善加利用，別全拿去享樂了！

4-6

回歸買債需求
不再煩惱債券基金無法填息

　　談到債券基金，許多人會與股票型基金比，總認為它領了息填不了息。的確是如此，這樣買它太不划算了！是嗎？

　　債券基金為何總填不了息？一般填息是靠資本利得，股票型基金要產生資本利得比債券基金容易多了，因此買到一檔不要太差的股票型基金，縱使配息了，也總是能填息，只是時間長短的問題而已。但配息型的債券基金，淨值的走勢長期都是往下的，就代表它其實很難填息。

　　債券基金配息來源來自票面利息及資本利得，前者占大宗。縱使淨值跌了，領了息還是會配給你。配息後淨值會下降一些，再加上資本利得不多，難以填補除息的缺口，長期淨值走勢才會都往下。

　　除非你買的是累積型的（不配息），或者你的配息型基金含有股票成分，可以因不配息或因有股票幫忙填息，才能使淨值

走勢不會往下或往下跌太快。

現階段有現金流需求者，再考慮債券基金

因此大家買債券基金時，就該有不同的思維與心態，老是要跟股票型基金比，就代表你其實並不愛此類基金，或是這基金不符合你的需求，那就不該買。其實，任何你認為不值的產品，都還是有人有需求，簡單說：

1. 如果你現在有現金流需求，再考慮買配息型基金。若將來才有需求，就將來再買（這就是告訴你，不要拿此類基金定時定額，會定時定額的投資人肯定只是為將來做準備，代表現在沒有現金流需求）。

2. 買它有心理安定的感覺（這確實是），但其實現在還用不到這現金的話，別忘了把息再拿來定時定額 1 軍的基金，創造額外的報酬率。

3. 投資也不是都只能比報酬率，需求也占很重要的比重。

4-7

挑波動度可接受的配息基金 總報酬率更符合期待

　　剛開始投資配息基金時，相信大家都抱著很美好的期待，尤其非投資等級債券基金，總認為自己能忍受高配息高風險，忍個幾年就能回本。但是，實際投資時，目睹淨值狂掉、帳上負報酬愈來愈多，才會知道根本太過高估自己的耐受度。

買進配息基金前，需認知其淨值很難創高

　　假設有以下兩檔非投資等級債券基金，持有債券比重及年配息率分別如下：

　　A 基金：CCC 級以下債券占 25%，年配息率 7.5%。
　　B 基金：CCC 級以下債券占 5%，年配息率 6%。

　　為了多領一點配息，很多散戶會偏愛 A 基金，只是遇到像是 2008 年的金融風暴、2014 年～ 2015 年初石油暴跌、2020 年新冠肺炎疫情等全球大事件，股債都會大跌，評等愈

差的債券自然跌愈多，因此 A 基金的跌幅一定比 B 基金大很多。

用單筆投資來試算：

跌 20%，需要漲 25% 才能回本。
跌 50%，需要漲 100% 才能回本。
跌 75%，需要漲 300% 才能回本。
跌 90%，需要漲 900% 才能回本。

跌愈多的基金，接下來的歲月就會愈辛苦，長久績效就落後（資歷比較深的投資人應該都聽過曾叱吒一時的礦業基金，在 2008 年 5 月淨值最高點 113.92 美元單筆買入的人，過了 15 年，帳上還是負報酬）。

因此我在上課時常跟學員說，非投資等級債也好，新興市場本地貨幣債也好，單看淨值走勢（不計入配息）的那條曲線很難往上，也就是說淨值很難創新高。尤其波動愈大的，淨值的下降會更明顯，但配息也是獲利的一部分，加計配息後才有意義。買這類型的基金，就不要想賺資本利得，買之前，一定要好好地挑一檔可以讓自己長期投資領利息的基金較恰當。

我不斷強調，就算是領息，也要留意不要冒太大風險。如果

讓我挑選上述兩檔非投資等級債券基金，我會選擇 CCC 級以下債券占比較少，且配息率較低的 B 基金，因為經歷愈多的大事件，基金的總報酬率長期來看會贏過 A 基金。因此這兩檔基金，我會做出以下註解：

波動大的 A 基金：每月領的息較多，但經歷愈多的大事件後，績效就會愈來愈落後。

波動小的 B 基金：每月領的息較少，但時間久了後，績效總能夠超前。

你可以再好好的思考，你會買哪一種？

Chapter **5**

釐清市場運作

留意5大原則
景氣衰退期間照樣勇敢投資

　　這幾年來全球市場很不平靜，好不容易度過中美貿易戰、新冠肺炎疫情，大家都沉浸在高獲利之時，2022 年通膨悄悄來了——漲最多的變成跌最多，從天堂掉到地獄，買什麼跌什麼……。

　　像我這種體驗過市場波動近 30 年的人，一切再平常不過了，但是對於剛開始投資的人來說，一切都來得太快了，市場的上沖下洗帶來極大的恐慌。我常說投資永遠是實務問題，一切只有自己體驗過後最真實。話說回來，體驗是一回事，能在風暴當中學到東西，會是最寶貴的收穫。

從5重要指標觀察經濟衰退可能性

　　從美國陷入通膨危機以來，美國的連續升息，更導致 2022 年下半年公債殖利率開始倒掛，並出現股債雙殺局面，市場也紛紛預測，美國經濟恐將迎來衰退。

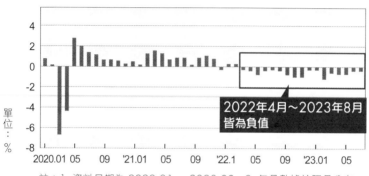

圖1 美國經濟領先指標月增率已多月呈負值
── 美國經濟領先指標月增率

2022年4月～2023年8月
皆為負值

單位：%

註：1. 資料日期為 2020.01 ～ 2023.08；2. 每月數據於隔月公布，
　　座標軸為當月數據
資料來源：Investing.com

　　而在2023年下半年，正好有多項經濟數據符合經濟衰退說，
這不是要嚇大家，人總是學了很多理論的東西，但不太會應用，
大家不妨再學學，並且一起觀察後市究竟會怎麼發展。

　　來觀察幾項重要經濟數據：

　　1. **美國經濟領先指標月增率**：2022 年 5 月～ 2023 年 9
月已連續 17 個月出現負值（詳見圖1），領先指標與實際進
入衰退大約有 6 ～ 9 個月的時間差。

2. **美國製造業 PMI 指數**：2022 年 11 月開始跌落榮枯線 50 之下，2023 年 9 月為 49。

3. **美國消費者信心指數**：通常以 100 為指標，2020 年最低曾跌至 90 以下，2021 年最高曾於 6 月達到 128.9，而後開始下滑，2022 年 7 月一度跌落 100 以下，2023 年 9 月為 103。

4. **美國 CPI 與 GDP 年增率**：GDP 年增率（經濟成長率）往下調，但是 CPI 年增率（通膨率）尚在高原區，已符合投資時鐘的「停滯性通貨膨脹期」（詳見 2-4、5-3）。由於過去 20 年只要通膨站上高位，都會壓抑實質 GDP（編按：排除通膨影響後的 GDP），2022 年這次的通膨嚴重程度，更是達到近 40 年之最。

5. **美國長短期公債殖利率**：正常狀況下，長天期殖利率會高於短天期，當短天期殖利率高於長天期，通常被視為景氣衰退前兆。而從 2022 年 7 月中旬開始，美國 10 年期公債殖利率與 2 年期公債殖利率呈現倒掛，10 年期公債殖利率與 3 個月公債殖利率亦呈現倒掛。鮑爾曲線（國庫券 3 個月殖利率與 18 個月國庫券預期殖利率的差距）也出現了 2007 年以來最嚴重的倒掛。

　　以上是我見到的經濟數據，透露著景氣衰退恐將來臨。但也不用太過擔心，猶如看氣象預報時，知道可能有超強颱風來襲，而我們能做的是盡量做好防颱準備，再大的狂風暴雨終究有平息的時候。

　　回顧過去美國經濟史，即使真的進入衰退，時間似乎也不是太長。如果從第 2 次世界大戰結束之後開始計算，美國共經歷了 12 次輕重程度不等的衰退──1948 年到 1990 年期間有 9 次，進入 2000 年後共有 3 次（2001 年、2008 年和 2020 年）。

　　每次經濟衰退的平均持續時間為 10 個月，大型衰退平均為 18 個月。最短紀錄則在 2020 年，當時因新冠肺炎引發的衰退僅持續了 2 個月。而美國在過去衰退期間，經濟成長率平均收縮 2.5 個百分點，失業率平均上升約 3.8 個百分點，企業獲利則平均降低約 15%。

景氣衰退時除美國公債，其他資產將受衝擊

　　當經濟衰退的風暴來襲，一定會造成資本市場震盪不斷，恐怕除了美國公債外，其他資產都會跌。根據以往的經驗，大致會有這些狀況：

1. **股票型基金：**

◆ **1 軍市場：**一樣會跌，跌幅也不會少，例如美股回檔個 20% ～ 30% 應該也跑不掉吧！但 1 軍市場爬起來的速度較快。最終因為長期趨勢向上，報酬率總是能創新高。

◆ **2 軍市場：**2 軍市場蹲的時間比 1 軍長，最終的報酬率可能比 1 軍少。

◆ **3 軍市場：**通膨時通常能受惠，只是一旦景氣下滑，這類基金下滑的速度絕對很快，恐怕 40% ～ 50% 也說不定，而且一蹲可能就是 5 年～ 10 年了。

2. **投資等級公司債基金：**此類基金相對跌得少，也會率先漲起來。

3. **非投資等級公司債基金：**可能也會有平均 10% ～ 15% 的跌幅，若信用評等較差的 CCC 級債券比重過高，基金淨值會跌更凶。如果不幸又踩到違約的債券（CCC 級債的違約機率相對高），不但踩到的那一塊本金歸零，也沒息可以領了，這就會拉低基金配息。

4. **新興市場債券基金：**看該基金持有的國家而定，不過配息愈高的，想必淨值下滑愈多。再加上幣值走貶，對於新興市場

本地貨幣債就是雙重打擊，尤其幣值貶幅特別大的國家恐怕會是重傷害。

不管如何，景氣衰退也是長期投資必然經歷的過程，不必過於恐慌，既然已經大概知道各類型基金可能發生的狀況，就知道該用什麼心態去面對了。

了解自己並做足準備，別在衰退期間功虧一簣

投資最怕的是「大賠一次」。個人投資者只要大賠一次，一生積蓄恐怕化為烏有；操作基金的基金經理人大賠一次，該基金的績效就可能要長久掛後段班了。所以投資不管牛市或熊市，都該時時謹慎，做好萬全準備，才能應付隨時可能來臨的風暴。我大致歸納投資人容易失敗的幾種型態如下：

1. 新手高點進場後被套牢，恐因心理折磨而砍在低點：以前從不投資，因為前一波多頭期間，看到親朋好友荷包滿滿終於心動而進場。盡早開始投資絕對沒錯，但如果對投資一知半解，又非常不幸運地從相對高點開始，你的投資路程注定要先苦以後才有樂。

高點進場後一定會遇到市場反轉，套牢之後，要學的就是如

何度過苦、到達樂的境界。如果是買單筆，恐怕會套很久，買到不好的基金就會再套更久；如果是定時定額，過程中要面對負報酬，負報酬再加上心理折磨的最糟狀況，就是砍在低點一場空。

2. 嘗過甜頭而在衰退初期放大本金，恐因資金問題恐懼退場：前一波多頭期間有賺到錢，但投資本金太少，賺的絕對金額太無感，因此在衰退初期市場大跌時大膽加碼，以為不久後會複製之前的漲幅。但幸運之神沒有那麼快降臨，愈跌投入愈多資金的過程中，反而陷入更深的恐懼。

要是沒認清自己的耐震度、沒算清自己的資金，就很有可能在恐懼中暫停扣款、減碼扣款，甚或認賠殺出。

3. 不明白可承受底線，恐難達停利目標或撐過高波動考驗：前一波低點時進場，但是停利點設得較高，如 50%，但是 50% 還沒到就下彎了。發生景氣反轉後，開始後悔為何不將停利點設得低一點，也沒有料到等待下次停利的過程會如此痛苦揪心。另外，若挑到的基金過去績效很好，多頭時的漲幅也讓你很滿意，但若忽略了基金的波動度，沒想到下跌時會如此恐怖，也讓人很難撐過崩跌的過程。像這樣不明白自己可承受的底線，就很容易功虧一簣。

　　雖然沒人能預知高點在何時，但是設定停利點時，也要認清「停利點訂得愈高，所需經歷的時間會愈久，過程也愈崎嶇」，一定要認真想想自己的底線並紀律執行停利點！而挑基金時，也要考慮到波動度，波動高的基金有機會賺比較多，但要在能符合自己接受程度的範圍，才可能成功獲取相對高的報酬率。別忘記基金的績效表現、波動度（Beta 值）必須同時考量。

想持續在衰退時期投資，留意5大原則

　　許多保守投資人看到這裡可能會相當擔憂，面對不知何時到來的景氣衰退而遲遲不敢投資。其實我也是一位偏保守的投資人，我把自己的經驗和做法分享給你，景氣衰退期間可以盡量把握以下原則：

1.資金投入方式以定時定額為主

　　我照樣會持續投資，只是我會堅持定時定額，謹慎地維護自己辛苦存下來的資產。

2.投資股票型基金，選擇能較快復甦的市場

　　挑股票型標的時盡量以 1 軍市場為主，因為相較之下，這類市場會更快地站起來。如果要挑 2 軍市場基金，也會挑負的時間及負的深度都能接受的基金。

3.投資債券型基金，避開可能跌很慘的類型

雖然我常說買債券型基金只要遵守「買債 3 要素」，但是許多人會高估自己的耐受度，如果跌得太慘，會吃不好、睡不好、心臟怦怦跳，很少人能夠撐得過去。因此想要安全度過風暴，就要避開波動度較高、淨值可能暴跌的產品，例如可以選投資等級債券基金為主。

若非要投資「非投資等級債券基金」，它所持有的 CCC 級債券比重不能高於市場水準。至於「新興市場債券基金」或「新興市場本地貨幣債基金」，都不適合長期投資。

4.做好資金分配，確保有足夠扣款3年以上的資金

首先，我會預備 2 年以上的生活費，並且算好要定時定額投入的資金，像我自己一定會備齊可扣款 3 年以上的子彈，直接放在銀行帳戶當中。也不必去想銀行存款利率很低的問題，安心又有安全感比較重要！

5.絕不借錢買高配息基金

我自己絕對不用借來的錢投資，像是房子抵押、保單質押⋯⋯等槓桿工具，自始至終我都是不贊成的。

以我遇過的例子，會想借錢投資的人，大多是認為投資配息

高於借款利息就能賺到錢，因此專買高配息基金（才能明顯高於借款利息）。然而高配息永遠都是高風險，加上又是借錢投資，風險就爆表了。

你可能會覺得我太保守，但我就是這樣平安走過了近 30 年的投資路，自覺沒有什麼不好。投資至今沒有恐懼過，也不曾為柴米油鹽煩惱過，我很安心又知足。

新手剛接觸投資時，總是希望追求能抓到股市最高及最低點，從中賺取最大價差，最好還能以小搏大、一夕致富。能成功的人不是沒有，卻是鳳毛麟角，就算是我們認為相對穩健的價值投資法，也很少有人能像巴菲特（Warren Buffett）那般成功。擁有專業研究團隊的基金經理人、擁有成功獲利經驗的投資達人們，也不敢保證他們能掌握市場每次的高低點，或每一筆投資都能成功。

反觀我們這些泛泛之輩，又怎麼敢把握能學到所有金融市場上的專業知識，甚或成功避開每次大跌、跟上每次大漲？既是如此，何不從心態、觀念、資金的安排上好好下功夫且紀律投資？平凡人如你如我，自然也能擁有屬於自己的財富。

5-2

面對高通膨和景氣衰退
長短期投資人策略大不同

2008 年金融海嘯過後，美國為了救市，進入長達逾 10 年的低利時代。2020 年又發生新冠疫情，隨著疫後的美國成功走向復甦，卻也開始出現通膨問題（詳見圖 1），讓美國不得不開始收緊資金，並於 2022 年開始連續暴力升息以遏止通膨繼續惡化。

到了 2023 年下半年，通膨儘管有所緩和，但是美國聯準會（Fed）卻多次指出通膨很難在短時間內壓抑住，這也讓許多投資人感到焦慮，想知道是否該調整手中的投資組合，買進可以抗通膨的產品？

當你有類似的疑問時，首先要釐清一個問題：「在通膨時投資的產品，是為了長期投資？還是短期投資？」其實會想跟隨趨勢投資的人，多半是想要趁勢賺一筆，而通膨時想賺通膨財，當然就是抱持著短期投資的心態。這也是許多人投資時很容易忽略這個問題，若沒有搞清楚自己真正的目的，就很容易以失

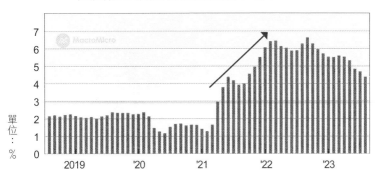

圖1 **2021～2022年美國通膨快速升溫**
——美國核心消費者物價指數年增率

單位：%

註：資料日期為 2018.08 ～ 2023.08
資料來源：財經 M 平方

敗收場。

長期投資人》只需專心做好原有投資配置

如果思考過後，確定自己要堅持長期投資，那麼或許可以參考我的做法，我的投資都是這麼配置的：

◆**股票型基金**：都是以 1 軍市場為主，定時定額且停利不停扣。無論市場趨勢怎麼變化，投資過程本就會經歷跌後再漲，只要蹲的時間自己能接受就好。

•**債券型基金**：不會以高配息為條件去挑基金，因為是長期投資領息，我謹守「買債 3 要素」及「配息滿意，波動接受」8 字訣。

既然已經做了我滿意的配置，也不需要調整投資組合，更沒必要停扣 1 軍市場，改買什麼抗通膨的基金。唯一會讓我換基金的理由，就是這檔基金的績效已經掉入同類型的後段班，才需要汰弱留強。至於有人提到要換相對能避險或抗跌的基金，這部分我更不擔心，畢竟我又不是什麼大型機構法人，投資也都用閒錢，沒有什麼好避險的。

短期投資人》先了解通膨原因再選合適標的

如果是打算短期投資，那就要好好了解什麼樣的產品可以抗通膨。在我們的認知中，會造成通膨的元素，就是通膨期間容易上漲的標的，因此比較受歡迎的有原物料相關基金、能源基金、黃金等。也有人認為要投資房地產，那就是不動產投資信託（REITs）基金了。不過，真有這麼簡單嗎？在了解這些產品前，我們先把 2022 年的通膨與 2008 年比一比：

2008年通膨》受需求旺盛推動，美元指數弱

1. 因為景氣強旺，尤其新興市場、金磚四國的崛起，使得需

求大增導致原物料漲聲不停。2008 年 3 月，黃金價格創下當時歷史新高，飆到每盎司 1,030 美元；石油則於 2008 年 7 月漲到每桶 147 美元（在這樣的氣氛下，醞釀了後來景氣進入通膨→停滯性通膨階段）。

2. 當時全球景氣皆優，美元指數走弱。

2022年通膨》由供給短缺推動，美國及美元獨強

1. 受到 2020 年疫情的影響，景氣尚未恢復時，通膨已經悄悄地逼近。

2. 自 2008 年後新興市場陷入疲弱不振，全球景氣皆優的狀況並未重現，只看到美國獨撐大局，因而大部分時候都是美元指數走強，截至 2023 年下半年仍是如此。

簡單的說，這兩次雖然都是高通膨，原因卻很不一樣：

2008 年：因需求旺盛→進而物價上漲→通膨→停滯性通膨。
2022 年：因供給短缺→進而物價上漲→通膨→停滯性通膨。

明白了這兩次通膨的發生原因不同，投資人就該有不同的期待。就以 2023 年來說，原物料基金、能源基金、黃金基金都不是即將要漲，而是已經漲一段了。之後若通膨持續高漲，也可能還有上漲機會，但是大家應該知道以下重點：

1. **原物料族群**：因為美元指數走強的干擾，原物料上漲空間會被壓縮。

2. **黃金**：被認為是抗通膨的避險工具，然而它同樣也因為美元指數走強，上漲空間遭到壓抑。

3.REITs：市面上的 REITs 主要以投資美國市場為主，所以不要以為台灣房地產上漲就能投資 REITs。而通膨讓人想起的是租金會漲、利息會漲，至於房價再漲空間已有限。真想買這種基金的人，應以抵押權型的 REITs 為主（收入主要來源為利息）；若要投資權益型的 REITs（收入主要來源為賺價差及租金收入），也要以租金收入為主的優先。

4. **抗通膨債券（TIPS）基金**：這類基金的持有標的是美國財政部發行的一種債券，債息會隨著通膨率調整。但此類基金不多，我自己是認為沒有必要特別投資到這種商品。

面臨高通膨、高利率，股債報酬率差距變小

自 2008 年金融海嘯後，美國基準利率一直處於低檔，就算後來有升息，也只是升到 2.5%。我們歷經了一段很長的「低通膨、低利率、高成長」的年代，在這一段期間，定存的報酬

投資小知識 REITs依收入來源分為3種

權益型 REITs（Equity REITs）
直接投資實體不動產，例如辦公大樓、商場等，主要是賺取不動產的租金
收入。若有交易不動產，也可靠價差賺取收益。

抵押權型 REITs（Mortgage REITs，簡稱 mREIT）
把資金放款給不動產開發商或經營者，以及投資不動產抵押貸款債權
（MBS），以賺取利息收入。

混合型 REITs（Hybrid R）
同時投資權益型和抵押權型兩類型標的，由基金經理人調整配置比重。

率自然最低。債券的部分，就算是美元計價的非投資等級債，
好一點的殖利率僅約 6% ～ 8%。投資股票的報酬率就很驚人
了，波段投資報酬率動不動就 30%、50%，保守一點要年賺
10% ～ 15% 都並非難事。

然而，2022 年起明顯不一樣了。經過多次升息之後，美國
的核心消費者物價指數（CPI）年增率雖已從 2022 年多在 6%
以上，於 2023 年 6 月後下降到 5% 以下，美國聯準會主席鮑
爾（Jerome Powell）卻指出，若要回落到理想水準 2%，恐怕
要到 2025 年之後。

大家正在經歷通膨＋美國暴力升息，以及股債雙殺的打擊。

接下來若要持續經歷高通膨、高利率、低成長，手中的股票和債券資產會有什麼命運？

當通膨高漲、利率上調，通常會迎向景氣下滑、需求下滑，因此企業會發生庫存增加、獲利下調、股利下調，股票的本益比也要跟著下調，股價當然就往下修正了。

有人則提倡在高利率時多買債，因為可以領取相對高的債息，且當升息結束並開始降息之後，美國公債甚至有價差可以賺。簡單說就是，債的報酬率會比以前多，股的報酬率則會比以前少，股與債的報酬率不再差距那麼大。這也無可厚非，一切都是自己考慮清楚後決定，不過以長期而言，我還是認為股優於債。

每經一段景氣的洗禮，總會呈現不同的風貌。站在長期投資的角度，不妨調整對於高報酬的期待。在我的經驗裡，能夠獲取長期合理穩定的報酬，更有機會成為永遠的贏家。

了解景氣循環與升降息影響
安心度過股債漲跌變化

　　有心了解市場變化的投資人，應該對於「景氣循環」都有基本的認識。市場上常會用「投資時鐘」把景氣循環分為4象限，分別是：停滯性通膨（Stagflation）、通貨再膨脹（Reflation）、復甦（Recovery）、過熱（Overheat）。而我習慣使用的名詞則是用「景氣衰退期」、「景氣衰退趨緩期」、「景氣復甦期」、「通膨期」（詳見圖1）。雖然名詞略有不同，但意義一樣。

　　本篇文章我再帶大家來全盤認識一下，在不同景氣循環時期，各項重要經濟數據的變化、央行政策及貨幣供給的狀況，以及股市和美國公債（以下簡稱公債）會有何表現：

1.景氣衰退期／停滯性通膨（Stagflation）

- ◆國內生產毛額（GDP）：↓（減緩）。
- ◆消費者物價指數（CPI）：↑（升至高峰後下滑）。
- ◆央行政策：中立→漸鬆。
- ◆貨幣供給：續降。

◆利率：達高峰後持平。

◆股市（含非公債以外的債）：持續下跌，醫藥類及消費必需品類股表現較好。

◆公債：開始上漲。

2.景氣衰退趨緩期／通貨再膨脹（Reflation）

◆GDP：↓（衰退至谷底）。

◆CPI：↓（低迷）。

◆央行政策：寬鬆。

◆貨幣供給：增加。

◆利率：續降。

◆股市（含非公債以外的債）：開始上漲。

◆公債：上漲達高峰。

3.景氣復甦期／復甦（Recovery）

◆GDP：↑（成長）。

◆CPI：↓（下降／穩定）。

◆央行政策：中位。

◆貨幣供給：續增。

◆利率：不動／升息。

◆股市（含非公債以外的債）：續漲，原物料相關類股股價蠢蠢欲動。

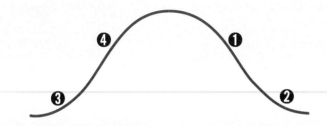

圖1 當利率高、通膨嚴重，意味景氣已過熱
——景氣循環4階段

❶景氣衰退期／停滯性通膨（Stagflation）
央行降息。除公債外，其餘市場皆跌，醫藥及消費必需品類股表現較好

❷景氣衰退趨緩期／通貨再膨脹（Reflation）
利率低、通膨溫和。投資等級公司債、非投資等級債、新興市場債皆漲，
公債則已不再漲

❸景氣復甦期／復甦（Recovery）
利率低、通膨溫和。股票漲

❹通膨期／過熱（Overheat）
利率高、通膨嚴重。債券逐漸出現資本利損，股票愈漲愈少，工業類股表
現較好

◆公債：開始下滑。

4.通膨期／過熱（Overheat）

◆GDP：↑（高峰）。

◆CPI：↑（上升）。

◆央行政策：緊縮。

◆貨幣供給：開始下滑。

◆利率：持續升息。

◆股市（含非公債以外的債）：高點反轉往下，但原物料相關類股續漲。

◆公債：下跌達底部。

　　以美國近年的狀況為例，2022 年時 CPI 年增率創下高峰，連續升息導致公債殖利率走高、公債價格大跌，並出現長短期公債殖利率倒掛，股市也從高點反轉向下，就符合上述「通膨期／過熱」時期會出現的狀況。而下一階段通常就會進入「景氣衰退期／停滯性通膨」，也就是同時出現通貨膨脹和經濟停滯。

升息初期股債齊跌，升息期間股漲債跌

　　政府在不同景氣時期，會透過調整利率的政策工具來影響經濟。當通膨高漲，政府會使用升息手段，試圖收緊市場上的資金；當景氣低迷，則會透過降息來救市。大家也一定常看到這 4 句話：

　　降息初期股債齊揚，降息期間股跌債漲；

升息初期股債齊跌，升息期間股漲債跌。

在這裡要分清楚，「股」指的是什麼？「債」又是什麼？其實，「債」主要指無風險的美國公債；「股」固然指美國股市，不過受到大家歡迎的美國非投資等級債、全球非投資等級債（其中美國占比又較高）也會被歸類在股這一邊。

應用在實務上，還有幾個必須了解的重點：

1.「降息初期」通常是停止升息的聲音出現即開始起算了。

2.「降息期間」從停止降息的聲音出現即已結束。

3.「升息初期」也並非從第 1 次升息開始算，股債永遠都先行反映，當市場掀起升息聲音時就已經起算了。

4.「升息期間」則可能從升息第 2 或第 3 次開始起算，直到市場傳出「可能要停止升息」的聲音時，約莫就是升息期間的終點，並非到真正最後一次升息時才算結束。

以下詳細說明各階段變化：

降息初期》股債齊揚

政府一般會因為 2 種狀況實施降息：第 1，通膨成功下降。第 2，為了度過突發經濟危機。其中比較正常且影響相對溫和

的會是第 1 個原因——通膨降了所以降息，背後原因就是為了救經濟（我們最害怕的是在不該降息時降息，而且還暴力降息，或不該升息時升息且暴力升息，通常事後都會帶來災難）。

例如 2009 年初美國為了要拯救金融海嘯後陷入低迷的市場，除了大幅降息，還搭配了量化寬鬆貨幣（QE）政策，由聯準會（Fed）大量購債，讓更多資金注入民間，以刺激企業與個人的投資與消費。2020 年 3 月聯準會為了挽救新冠肺炎疫情的衝擊，又重新使出購債措施救市。

在資本市場方面，降息初期時股市受惠於大資金行情而大漲，債券則因為殖利率降低、市場有避險需求也會上漲，就形成了「降息初期股債齊揚」局面。

降息期間》股跌債漲

在降息期間，通常伴隨著景氣衰退、失業率升高，股市就跌回去了。而公債、投資等級債是屬於保守抗跌的產品，且因為殖利率隨利率下降而會使價格上漲，這期間就是公債及投資等級債表現的時機了，也就是「降息期間股跌債漲」。

升息初期》股債齊跌

隨著經濟的復甦，政府救市方案也會逐漸停止。以美國聯準

會近 2 次救市為例，都用了購債＋降息手段。而在經濟復甦時，則會先減少購債（雖然不是直接收回市場資金，但每月注入市場的資金會慢慢變少），一直到停止購債，接著則是升息；也可以說，「減少購債」是升息的前哨站。

為何需要升息呢？因為經濟復甦後景氣好轉，將造成物價、通膨上升，若通膨上升太快，會讓經濟很快走到頂點而下滑。因此壓抑通膨的漲速也是各國央行的重要任務，此時最好用的政策工具就是升息了，能促使民間資金成本提高，抑制投資及消費，避免通膨快速上揚。

在資本市場方面，由於升息代表資金行情恐要結束，將缺乏資金的推波助瀾，股市自然就下跌了。而公債則因為殖利率將隨升息提高，先前發行較低利率的公債也愈來愈不吸引人，公債價格也會開始下跌，此時就形成了「升息初期股債齊跌」。

升息期間》股漲債跌

進入升息期間，定存（無風險產品）利息愈來愈高，公債的票面利息也愈來愈高，成為市場優先拋售的產品。而此時通常是景氣相對暢旺的時候，企業獲利進入高峰，風險性產品（股票型資產或非投資等級債）自然又重回投資人懷抱，正又應驗了「升息期間股漲債跌」。

　　分析了景氣各階段股債可能會面臨的情況，並不是要讓大家隨景氣循環去轉換投資，何況哪一天是真正的開始或結束也無法確知。重點是要讓大家明白自己手上的資產，在景氣循環及投資過程中可能會碰到的起伏。

　　有了心理準備，只要能確定是好資產，或者符合自己投資預期、能接受的產品，持有期間不管怎麼跌都安心，自然就能安然地穿越牛熊。

5-4

投資新興市場股匯債
先學會用2狀況判斷美元走勢

新興市場股市一向看美元指數的臉色，一旦美元指數走強，新興市場不只「股」，連「債」與「匯」都是應聲倒地，尤其經濟相對脆弱的國家就相當悽慘，如土耳其、南非、阿根廷、巴西、俄羅斯等。而經濟相對穩定強盛的，受傷就較輕，如台灣、中國，還有亞洲的國家。因此要學投資，也要知道美元指數的強弱，掌握風險的能力會更好。

由於 2008 年金融海嘯後，美國實施降息及大量購債救市，低利率使得美元吸引力降低，美元指數大幅震盪。

2011 年起美元一路走強（詳見圖 1），直到 2017 年明顯走弱，而在這一年讓新興市場的幣值、債券基金（尤其本地貨幣債）、原物料基金（拉美、東歐）有了探頭的機會。此段期間很多投資人看到新興市場大漲而搶進，卻在 2018 年發生中美貿易戰，導致相關新興市場幣值慘跌、股市慘綠，差別只在傷得輕重而已！

投資小知識 當美元指數走高時，反映其他國家貨幣走弱

美元指數

「美元指數」（US Dollar Index，USDX）初值為 100，是由 1973 年 3 月時與美國有重要貿易往來的 6 種他國貨幣組成，占比由高而低分別為歐元（57.6%）、日圓（13.6%）、英鎊（11.9%）、加幣（9.1%）、瑞典克朗（4.2%）、瑞士法郎（3.6%）。由於美元為全球主要儲備貨幣，各國貨幣價值通常與美元比較而來；當美元指數走高，反映其他國家貨幣走弱；反之亦然。

直到 2020 年爆發新冠肺炎疫情，美國再度透過降息並逐漸復甦後卻陷入通膨麻煩，2022 年的連續升息使美元指數水漲船高，也壓抑了新興市場的表現。

一般人很難精準預知美元指數的走勢，但有一個較為簡單的方法，可多少探窺美元指數的強弱，也就是去觀察美國景氣走強時，其他國家是否有跟上。主要分為 2 種狀況：

狀況1》美國獨強，但其他國家跟不上
結果：美元通常能持續走強，新興市場走弱

如果那一波景氣只有美國獨強，而其他國家無法跟上腳步，那大概就是美元強居多，縱使弱也弱不到哪兒去，這就會造成美國股票型基金、美國非投資等級債、美元報酬率相對高。

圖1 美元指數與新興市場股市呈相反走勢

——美元指數vs. MCSI新興市場股價指數走勢

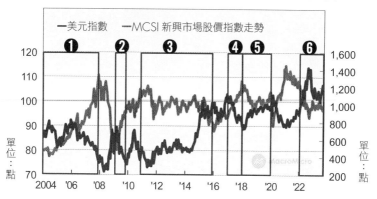

❶2004年～2008年美元弱勢，新興市場強勁

❷2009年美國實施量化寬鬆政策，美元下跌震盪、熱錢流入新興市場

❸2011年起美國緩慢復甦，但歐洲發生歐債危機。2014年起美國陸續收回資金，美元明顯走強，使得原物料崩盤，熱錢撤出新興市場

❹2017年新興市場成長，美元走弱

❺2018年起中美貿易戰、美國升息，美元走強

❻2022年美國暴力升息，資金回流，熱錢則撤出新興市場

註：資料日期為2004.01.02～2023.10.04

資料來源：財經M平方

相對地，新興市場股、匯、債會相對較弱，但是可特別觀察中國的經濟，因為中國是新興市場最大經濟體，中國的經濟復甦將可有效帶動新興市場。如果中國沒有復甦，新興市場（股匯債）的漲幅將較為少且短。

2017 年就是一個明顯的例子，原本大家都期待 2017 年中國經濟調整、去產能、去槓桿將到尾聲。基於股市比經濟先行反映的理論，2017 年中國股市的確有好的表現，只是漲勢和緩，屬於慢牛格局。原本可期待 2018 年復甦，卻被中美貿易戰壞了一鍋粥。

狀況2》美國復甦，且帶動全球明顯復甦
結果：美元先強後弱，新興市場表現將強過美國

相反的，如果你看到由於美國的復甦，進而帶動全球一起明顯的復甦，那麼在景氣復甦前期，美元指數會呈現強勢。

之後隨著其他國家的復甦及幣值轉強，美元指數自然就明顯轉弱了。且由於其他國家（尤其中國）復甦的強勁，美元指數跌得多，也弱得久，屆時美國股票型基金、美國非投資等級債、美元報酬率相對低，而新興市場股匯債就強強滾了，2004 年～2008 年是一個很明顯的例子。

對於美元指數與新興市場之間的關係有了概念，相信你也能了解在不同狀況下，選擇投資新興市場股票型基金、原物料基金、拉美、東歐、新興市場債券基金、南非幣或澳幣計價基金⋯⋯後，所需要面臨的過程以及須承擔的風險。若對於可能

要經歷的過程渾然不知，或產生錯誤期待，就糊裡糊塗地投下去，終究會白白被市場折磨！

2022年美國暴力升息，衝擊新興市場

回到 2022 年起美國暴力升息的問題，截至 2023 年 7 月，美國已經連續升息 21 碼，利息來到了 5.25% ~ 5.5%。這段期間美元指數曾在 2022 年 9 月最高漲到 114.778 點，創 20 年來新高，不僅導致美國股債齊跌，新興市場、亞洲貨幣更是狂跌，新台幣也貶破 32 元兌 1 美元。

債券部分，美國 10 年期公債與 7 年、5 年、3 年、2 年、6 個月、3 個月皆呈現殖利率倒掛。新興市場債、非投資等級債、投資等級公司債利差持續擴大（代表價格持續下跌），真可謂股、匯、債三殺。

強勢美元給新興市場帶來什麼災難？由於許多國家的外債是以美元計價，也就是用美元付利息，美元升值使新興市場貨幣大貶，造成巨大的財務壓力，例如，斯里蘭卡在 2022 年 7 月 5 日宣布國家破產。國際貨幣基金組織（IMF）示警，新興市場資本持續外流，將近 1/3 的新興市場國家和 2/3 的低收入國家陷入債務困境，恐將引發破壞性的「螺旋式下降」。

新興市場身為強勢美元下的重災區，要特別提醒大家：

1. 當新興市場陷入困境之後，將來要再出頭的時間恐會拉得很長。

2. 即使只是為了領息，新興市場債券基金也「不適合長期投資」，包括新興市場短期債券基金也一樣（何況該基金不是投資用，是資金短期停泊用的）。

需求不振、美國獨強，原物料市況黯淡

最後要特別提一下曾在 2008 年前叱吒風雲，如今卻萎靡不振的原物料基金。近期有位朋友曾到我的 Facebook 這樣留言：「眼睛閉著，就繼續給它扣下去就對了！但，原物料，老師我真的沒辦法。」我回覆：「我是沒興趣。」我的沒興趣並不等於它永遠都不會好，但是你可以好好了解我目前沒興趣的原因。

原物料要漲，「需求」是主力，「美元指數弱」是助力。但從 2008 年起至 2023 年為止，除了美國，似乎看不到全球復甦的趨勢。只見美國緩步往上，因而形成美國獨強、美元獨強的局面。

前面提過，雖然 2017 年大家都期望中國見底後能在 2018

年谷底復甦，並帶動新興市場往上。2017 年當時新興市場的股、匯、債市的確漲了（市場領先景氣反映），但需求不強、美元指數不弱，因而漲幅與 2008 年比還差了一大截。而大家的習慣就是：跌不會買，再跌更要觀望，等開始漲了還是要觀望，要漲很多才願意買進。

所以大部分的投資人都在 2017 年第 4 季後，才陸續開始投資新興市場，但是，畢竟新興市場需求不強、美元指數不弱，因此買進後漲幅有限。哪知道緊接著在 2018 年初，時任美國總統川普（Donald Trump）竟掀起了中美貿易戰，讓全球陷入緊張、保守當中，加上原本中國景氣有望從 2018 年谷底回升，也因貿易戰又打回原形⋯⋯這些事件讓等待多時的原物料市場再度陷入僵局，只剩下石油一枝獨秀，但當時石油的上漲是因為需求嗎？答案恐怕不是。

基於這些種種原因，讓我對原物料市場興趣缺缺。我喜歡買安心一點的、簡單一點的、偏價值一點的商品。高度不確定性的市場，我選擇不參與。

從基本面檢視熱門產業基金── 科技股基金、新能源市場

2023 年最熱門的投資主題，莫過於人工智慧（AI）及自動化、電動車等，隨著 2023 第 4 季相關科技股創下歷史新高後回跌，開始有人質疑，科技股基金會不會重演多年前綠能、氣候變遷、水資源基金……等慘痛經驗，最後只落個曲終人散的下場？

投資熱門產業基金確實要特別謹慎，因為當市場給予過度的期待，就可能高估它們的價格。只是回到基本面來看，我們還是要理性的分辨。

特定主題的科技股基金，屬於配置中的「配菜」

科技股基金好比是一個大家庭，裡面含有大家熟悉的產業，如物聯網、5G、AI 及自動化、電動車、元宇宙……等相關企業，當中可能也會摻雜一些非科技股，但比重通常不會太多。另外也有專門聚焦在特定產業或主題的基金，例如 AI、自動化、電

動車等。

　　而我會將範圍較大的科技股基金稱為「百搭款」，投資範圍更小的如AI、自動化、電動車、元宇宙等基金稱之為「流行款」。投資範圍廣的科技股基金也可以稱為「主餐」，其他特定主題就是「配菜」。吃飯時，總是要吃主餐才能吃飽，有胃口再吃配菜吧（也就是投資該如何配置的問題）。

　　多年前綠能、氣候變遷、水資源……等產業，在當時是一種新興的產業。任何產業都需要有持續不斷的亮眼需求，才能創造出與日俱增的產值，並為投資人帶來豐厚的報酬，才不會淪為一時的話題。而AI及自動化、電動車等雖也是近年特別夯的話題，但現實生活中已可感受到持續性的需求。

　　話說回來，AI、自動化、電動車、元宇宙等主題基金既稱為流行款，就會有退流行的時候。沒錯，過去曾流行的AI金融科技基金、全球AI醫療基金，確實有退流行的趨勢，因而2023年來績效不盡理想。

　　看出端倪了嗎？當基金所能投資的產業愈窄，就愈容易大起大落。AI已經從科技產業裡抽出了一些相關的企業，而AI金融科技與AI醫療又只是著眼在AI當中的其中一個主題，範圍相

當窄，自然要更擔心退流行帶來的衝擊。認同科技股長期是全球產業主流的投資人，若想放心的投資，建議還是以範圍較大的科技股基金這種主餐、百搭款為主，這也是被我列為 1 軍的原因之一。

新能源產業雖具成長性，但只能暫列為2軍

近年因為氣候異常很明顯，綠能等相關的新能源基金又再度被關切。以傳統發電來說，歐美國家主要用天然氣發電，導致冬天還沒到，天然氣就會上漲。加上 2022 年烏俄戰爭，天然氣大國俄羅斯更停止供應給歐洲國家，導致天然氣價格漲翻天。而亞洲國家主要用煤發電，煤飆漲、中國限電都已發生，使得綠能發電愈來愈受各國政府重視。

但是綠能發電當前要克服的因素還有很多，例如，因為氣候的異常，常發生綠能發電不如預期，要水沒水（水力發電）、要風沒風（風力發電）、要太陽沒太陽（太陽能發電），最終短少的部分還是要借助傳統發電。還有，比傳統發電更高昂的價格也是很重要的問題。如果這些因素沒法一一克服，使用量自然受限，股價上漲程度也有限。

2008 年此類基金也曾經隨著石油飆漲而風光過，然隨著金

融海嘯，景氣下滑、油價逐年下跌、歐債危機，歐洲各國紛紛
調降對替代能源的補助，新能源相關產業股價走勢跟著一路往
下，直到 2022 年～ 2023 年才又重新獲得市場青睞。只是目
前仍無法列為 1 軍（主餐），只能先暫升為 2 軍（配菜）。

因此，投資前還是要仔細思考，新能源基金的長期產業趨勢
是向上無誤，但成長的陡峭角度，若要跟科技股或 1 軍市場基
金比，還是有相當大的差距。

要記得，永遠是「需求不斷才能帶動價格不斷上漲」，回想
過去此類基金都是仰賴政策及補助創造需求，為何？畢竟其成
本是高於一般能源，這個道理很容易理解。台灣如果持續燒煤
供電，成本較低，但會造成恐怖汙染；改為風力發電、太陽能
板等，成本提高了，電費就可能要漲了。而為了乾淨的空氣、
為了愛護地球，政府要支持新能源的同時，又要不造成人民過
多負擔的做法，就只能編列預算補助電費。也因此，新能源相
關產業的需求與應用，一直都很仰賴「政策及補助」。

2020 年美國總統大選，拜登（Joe Biden）提出乾淨能源政
策，有人認為隨著拜登的上任，新能源產業的多頭可延續 3 年～
4 年。是否如此？我也無法確知，畢竟我非相關產業的專業人
士，我們只能透過各國政府的政策與補助，去推測產業是否能

夠持續發展。

買齊1軍，再考慮2軍產業

我是長期投資者，選了標的後，不喜歡換來換去，因此確定性愈高的市場或產業，我投資的比重會很高。有人會說，以前網路產業好、面板產業好，現在是 5G、AI、電動車好，它們能很持久嗎？我不想去傷這個腦筋，所以若要挑產業型基金，我會選擇直接投資大範圍的科技股基金，把選股的問題交給專業基金經理人去煩惱就好。

若是不完全確定的產業，又該怎麼投資？我區分 1～3 軍市場的依據，是用過去 10 年～20 年的多頭與空頭時間長短來歸類的。過去很長一段時間，新能源市場算是熊長牛短的 3 軍市場，但約從 2021 年至今，這類產業持續受到各國政府政策支持中，前景頗吸引人，未來能不能縮短空頭時間並拉長多頭時間？說真的要觀察，因此新能源市場就先晉級到 2 軍。

你買或不買？完全是個人抉擇的問題，也或是投資配置的問題。例如，若你的 1 軍市場基金已經買滿、買齊，有多餘的閒錢，想要布局此類「新能源類」基金也無不可，只是建議金額不要太大，用慢慢累積的心態投資它。

5-6

想買黃金避險
先搞懂其漲跌原理

2003 年～ 2008 年那段時期，投資人手中的基金不外乎：新興市場、東歐基金、拉美基金、能源基金、礦業基金、黃金基金……等。貨幣呢？澳幣、南非幣很夯。2008 年下半年經歷金融海嘯後，曾經很夯的商品漸漸沒落，且一蹶不振，如果你還一直持有它，想必經歷了痛苦難耐的過程。我常常笑説，每一波段爐主都換人做。其實也不一定，終究是你應了解該市場、該基金的種種，才能每次都擁有成功的甜果。

黃金上漲動能，來自避險需求＋弱勢美元

我們先來談談黃金。任何一樣東西會漲，都脫離不了「供給」與「需求」，源源不斷的「需求」就是大家常説的基本面。

黃金也一樣，要漲就得有「需求」，但這個需求來自一個目的，就是「避險」。2003 年～ 2008 年黃金可謂獨領風騷（詳見圖 1），為何？需求嘛！目的？避險啦！為何需要避險？因

為通膨很高。回憶一下，當時石油一桶超過 140 美元，再加上美元指數走弱，所以對黃金就更加分了。但持續擁有它的人又為何歷經了一段痛苦的過程？既因通膨引發的避險目的，當此因素（通膨）消失了，需求也就消失了，價格自然一直往下掉。回想一下，海嘯後經濟不振，通膨持續往下降不是嗎？如果你當時還捏著不放那真的痛苦啊！熬過 10 年才有些起色，任誰都不想買到這樣的產品。

2018 年下半年起，尤其 2019 年上半年後，黃金漲得很有感。睽違 10 年後，需求又來了，避險的目的再起，這次又為何要避險？或許該歸功於當時的美國總統川普（Donald Trump）吧！到處挑起戰爭，中美也好、美伊也好，在在都讓投資者擔心——擔心美國景氣反轉、擔心全球景氣下彎、擔心中美開戰……。此時資產避險的需求又燃起了，黃金再度漲聲響起，但是因為沒有弱勢美元加持，因此只要避險目的消失，需求就消失，黃金價格就下降了。

2022 年黃金又漲了，因為中美對峙，市場上有一股反美元做大的聲音，加上美國暴力升息、美債狂跌，許多美債的大債主紛紛減持（包含中國、俄羅斯、日本、英國等），然這些央行買美債不外乎是外匯儲備，減持了美債自然轉買黃金當外匯儲備，所以還是不外乎避險需求。然而美元隨著升息愈發強勢，

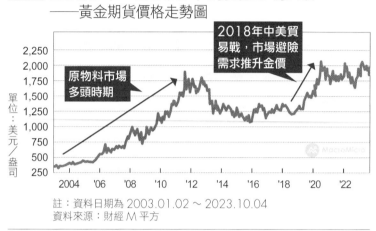

圖1 2003年～2008年為黃金大多頭
——黃金期貨價格走勢圖

單位：美元／盎司

2018年中美貿易戰，市場避險需求推升金價

原物料市場多頭時期

註：資料日期為 2003.01.02 ～ 2023.10.04
資料來源：財經 M 平方

同樣在沒有弱勢美元的助力下，2023 年 5 月起漲幅受限。

了解黃金的漲跌原理後，就該知道投資這類商品必須有敏銳的市場嗅覺，稍一恍神，就錯過了上車及下車的站。如果你投資希望簡單一點，那就盡量不要挑此類的產品。

散戶想避險，不一定要買黃金

其實每當金融市場發生大災難時，都會有人問：「現在是不是該把資產轉到黃金、美國公債去避險？」看似很對的邏輯，

媒體也會這樣報導，但有執行過的投資人應該都知道，實務上做起來卻卡卡，為什麼？而我本身也從來沒有這麼做過，不是因為邏輯有問題，而是我認為意義不大。

何謂避險？需不需要避險？若你是一個長期定時定額投資者，試問自己 1 個月投資了多少錢？有多大的資產需要避險？與其說是避險，不如說是想趁機賺一筆吧？那就要有本事呀！

災難尚未來時先行進場卡位，災難要結束前速速離場，這叫大賺。
災難已來了還是進場搶快，災難才剛結束即速速逃離，這叫小賺。

不管大賺還是小賺，對於大型機構法人都是賺很多，因為本金大，縱使只賺 5%，獲利的絕對金額還是很驚人。

但是一般散戶，本金跟法人怎麼比？更別說是專業知識不如人，嗅覺也不靈敏，因此往往是災難發生一段時間才敢進場，但進場時也很接近災難結束的時刻了，散戶若想買黃金避險，常見的結局有 2 種：

1. 成功獲利出場：幸運一點的可能有機會賺 15% ～ 20%，

但是因為當初不敢投資太多，絕對金額恐怕也少得可憐。

2. 來不及出場遭套牢：太晚發現曲終人散，看到帳上是賠的，就繼續套著，妄想回本時再贖回吧！一放又苦守寒窯了，直到放到受不了而虧損出場。

我相信一定也有少數高手能夠靠著精準的眼光賺到一波，不過我自知搶不了這種短線，所以還是習慣當一般老百姓就好。手中的 1 軍和 2 軍基金，平時嚴守停利不停扣，往往能讓我在大災難來臨前的高檔有停利贖回機會，贖回後拿回的現金，就是我最好的避險方式。停利後除了繼續扣款，也會趁跌多時加碼，自然也能多賺一筆，我一直很滿足於如此平民的避險方法。

5-7

投資能源基金
需在油價暴跌或CPI低點進場

接下來我們來談談「黑金」，也就是石油。2003 年～
2008 年那段時期，有投資的人，石油相關基金肯定是必買，
且獲利也是很驚人。石油的漲跌依舊脫離不了「供給」與「需
求」，當時的需求來自金磚四國（巴西、俄羅斯、印度、中國）
的崛起，尤其中國的需求在當時相當旺盛，還有很會說故事的
高盛證券，用一篇篇文章講述金磚四國的偉大，就這麼一層層
堆疊了石油的價格飆到每桶 140 美元以上（詳見圖 1）；加上
當時的美元指數走弱，所以對油價就更加分了。

市場供需是油價漲跌關鍵

但是噩夢緊接著降臨，2008 年下半年金融海嘯開始，發展
最快速的中國，從此國內生產毛額（GDP）年年下調，高成長
時代漸漸告終。中國經濟發展不再追求量而重視質，走入結構
改革的道路。而其他三磚——巴西、俄羅斯、印度就更不用說
了，其中還有兩磚（巴西及俄羅斯）根本變成地磚。需求下調，

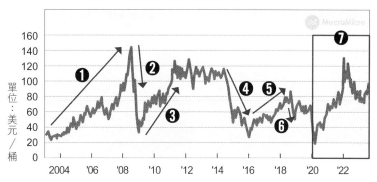

圖1 2008年石油曾飆到每桶140美元以上
──布蘭特原油期貨價格走勢圖

❶2003年～2008年新興市場需求旺＋熱錢炒作，油價大漲
❷2008年9月～2009年初金融海嘯，油價崩跌
❸2011年美國制裁伊朗，石油供給減少而油價上揚
❹2014年～2016年石油供過於求，油價大跌
❺2016年石油供需狀況好轉，油價回升
❻2018年中美貿易戰、石油供過於求，油價大跌
❼2020年～2022年新冠疫情、疫後復甦、通膨危機等，造成油價震盪

註：資料日期為 2003.01.02 ～ 2023.10.04
資料來源：財經 M 平方

油價自然就往下了，投資人也同步經歷了一段痛苦的過程。

近幾年石油的需求沒有很明顯的增長，因為全球經濟成長表現並不理想，加上美國頁岩油的開採（供給增加）、電動車的

崛起（需求減少），都讓石油的價格沒能有好的表現，偶爾漲、偶爾跌，有時候漲跌則是來自一些零星的事件，例如：

2011 年：美國對伊朗制裁（石油出口限制）→供給減少→價格上漲。

2016 年：石油輸出國組織（OPEC）減產→供給減少→價格上漲。

另外，2022 年沙烏地阿拉伯油田遭攻擊事件，雖然讓油價於當天漲了 10%，但隨即川普（Donald Trump）說要釋出美國戰備儲油，第 2 天油價隨即下跌。由此可見，還是必須回到有明顯的需求，才會有真正的基本面，油價也才能順順利利的往上攀。

油價牽動通膨，通膨又牽動景氣

不管有沒有投資石油，投資人還是可以了解一下油價的變化，因為油價一向牽動通膨，通膨又牽動景氣。當石油高漲，會帶動通膨上漲，甚至造成停滯性通膨，若情況嚴重，景氣就下彎了。

既然油價由最基本的供給與需求決定，我們就來看看過去，

有哪些因素會導致供給、需求變化而影響油價？

大事發生、景氣下滑，需求變少》油價暴跌

① 1997 年亞洲金融風暴：原油需求減少，油價重挫。

② 2000 年網路泡沫：導致油價跌破每桶 20 美元。

③ 2008 年第 4 季發生金融海嘯：全球經濟衰退，油價重挫近 8 成。

④ 2020 年 3 月新冠肺炎疫情爆發：各國封鎖政策使經濟大幅衰退，石油需求減少，現貨跌破每桶 10 美元。

石油供給增加》油價下跌

① 1988 年蘇聯成為最大產油國：全球油價產量大增，油價下跌。

② 2014 年美國頁岩油開採技術突破：產油國與美國頁岩油流血競爭。油價在 2016 年初創歷史新低，產油國減產度過難關，當時曾引發非投資等級債大逃亡，許多私募的非投資等級債券基金清算。

經濟復甦，需求增加》油價上漲推升通膨，經濟放緩

① 1997 年發生亞洲金融風暴，亞洲前景改善後，油價回升，維持在每桶 30 美元上下。

② 2003 年經濟從美國帶動全球（含新興市場）復甦，金磚

四國崛起。2008 年 2 月油價突破每桶 100 美元，同年 6 月創新高，超過每桶 140 美元，7 月時美國消費者物價指數（CPI）年增率已升至 5.6%。

戰爭或制裁》油價暴漲，通膨又起，經濟下滑

①1990 年伊拉克入侵科威特、1991 年波灣戰爭，油價大漲 1.8 倍，而後全球經濟下滑，當時 OECD 會員國及美國 CPI 年增率分別升至 7.8% 及 6.3%。

②2003 年 3 月美國入侵伊拉克，油價漲了 2.25 倍。而後隨著新興市場旺盛需求及熱錢炒作，直到 2008 年都是石油的大多頭時期。

③2011 年 2 月油價突破每桶 100 美元，同年 9 月美國 CPI 年增率升至 3.9%，正從金融海嘯噩夢中復甦的全球經濟再度受挫。

④2012 年伊朗核武計畫受美國制裁，石油出口大減，石油供給不足，加上期貨炒作，油價居高不下，阻礙經濟回升。

⑤2022 年初烏俄戰爭使油價衝破每桶 120 美元。

歸結上述事件，1990 年以來，油價高漲，造成通膨高居不下的時期如下：

①1990 年油價暴漲，OECD 會員國及美國 CPI 年增率分別

升至 7.8% 及 6.3%。

②1999 年起油價一路上漲，全球 CPI 多在 2% 以上。

③2008 年油價突破 100 元後，至 7 月美國 CPI 年增率升至 5.6%。

④2011 年油價突破 100 美元，美國 CPI 年增率升至 3.9%。

⑤2018 年美中貿易戰，美國 CPI 年增率升至 2.9%，OECD 會員國 CPI 升至 3.1%。

⑥2020 年 4 月起油價從底部上漲，加上 2022 年初烏俄戰爭助長油價。美國陷入高通膨危機，國際組織紛紛下修 2022 年經濟成長預測。這段期間美國 CPI 年增率由 2020 年 3 月的 0.1% 升至 2022 年 3 月的 8.5%，OECD 會員國則升至 7.1%，而後美國 CPI 更在同年創下新高 9.06%（詳見圖 2）。

以上是過去的歷史軌跡，也許不完整有遺漏，但大致是如此，希望能幫助投資人了解油價與通貨膨脹之間的恩怨情仇。應用在投資上，若要投資屬於 3 軍的能源基金，以下策略提供參考：

1. 只要有大事發生讓經濟突然下滑，油價必暴跌，也是你買能源基金的好時機，單筆或定時定額都可以，但就是要投資時間能長一點。

2. 只要油價開始起漲，又帶動通膨高漲，終究會讓經濟下調（下滑）。之後油價通常會往下跌（也或許是崩跌），之前若

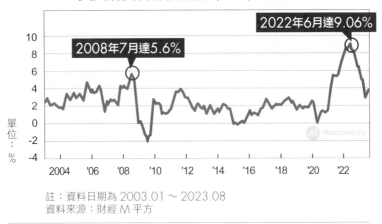

圖2 2022年美國消費者物價指數一度逾9%
──美國消費者物價指數（CPI）年增率

2022年6月達9.06%

2008年7月達5.6%

單位：%

註：資料日期為 2003.01 ～ 2023.08
資料來源：財經 M 平方

有買能源基金的投資人，就該提前在油價上漲期間準備讓獲利落袋。

要注意的是，這裡提到的能源基金，並不含「新能源」（替代能源）類的基金，新能源基金我目前歸類在 2 軍，看的是全球綠能政策的臉色。一般來說，1 軍市場的基金可採取定時定額隨時進場，但能源基金屬於 3 軍，其實我不建議投資。若真的要買，最好能依循前述策略 1 和策略 2 的建議。更簡單的方式是看 CPI 年增率，很低時就是買點，很高時就是賣出訊號了。

Chapter **6**

熟悉投資實務

非投資等級債、新興市場債基金
波動風險相對高

　　剛進入市場的投資人大致上分為兩種：一種是完全不懂基金，另一種則尚能了解基金的概念。前者大多只是想要試著理財，對投資知識一竅不通；後者雖然有一些知識基礎，但沒有實戰經驗，一旦風暴來臨，也是慌亂不已。

　　兩種投資人的共同點就是對於買進基金後的過程不夠了解，也不清楚自己能否接受這些過程，因此正式開始扣款前，一定要先透過 SOP 4 步驟挑選基金（詳見 3-1）。本章將再進一步為大家補充幾種類型基金的基本知識，以及解答大家經常產生疑問的相關實務。

非投資等級公司債基金》持有BB級以下債券

　　首先談談很受投資人喜愛的「非投資等級債券基金」，這類基金過去的名稱是「高收益債券基金」，因為它們投資的是票面利率較高、信用評等 BB 級以下的債券，且比重占 60% 以上。

投資人雖能享有較高的配息率，卻也承受了較高的風險，因此這類債券也被稱為「垃圾債」。

2021 年 11 月時金管會就宣布，「高收益債券基金」都要統一更名為「非投資等級債券基金」，以幫助投資人在購買時就能意識到即將承擔的風險。這類基金所持有的非投資等級債，通常以公司債為主，但也有可能是公債（主權債），而根據所投資的地區又分為數種類型，以下根據基金名稱來認識幾種常見的類型：

1.美國非投資等級債券基金

顧名思義所投資的是「發行機構位於美國地區」的「非投資等級債」，由於美國公債是投資等級且票面利率很低，因此美國非投資等級債券基金投資的自然就是公司債。

為了達到較高的票面利率，美國非投資等級債券基金只能往評等較低的公司債下手（如 BB、B、CCC）。評等愈低（CCC ＜ B ＜ BB）自然票面利率愈高，能配出的債息就愈多，但是其風險愈高（波動愈大），一旦有風吹草動，價格跌得也較多，例如以下 3 種情況：

①為什麼一樣都是美國非投資等級債券基金，A 基金配得

比 B 基金多？詳看其投資組合自然可以明白，A 基金可能投資 CCC 級債的比率＞B 基金，一旦風暴來了，當然 A 基金的淨值就會跌得比 B 基金多。

②若有某檔基金投資特定產業的比重特別高，例如能源類股的債券特別多，當碰到 2015 年～ 2016 年初石油暴跌時，這種基金也跌得比較多；相對地，平時配息也較高。

③美國非投資等級公司債的違約率上升時，此時投資組合平均信用評等愈低的基金，自然就會跌得比較多，但相對地，其平時的配息也較高。

2.歐洲非投資等級債券基金

歐洲國家的主權債信評等也以投資等級居多，少數是非投資等級，例如希臘。因此這類基金也是投資公司債為主，就算有投資歐洲公債，比重也甚低。

3.全球非投資等級債券基金

基金的投資範圍擴及全球。不過仔細看這類基金的投資區域比重，還是著重在美國及歐洲的非投資等級債券，因此情況大致與前述的美國與歐洲非投資等級債券基金類似，有些基金則會搭配少部分的投資等級債券以平衡風險。

4.亞洲債券基金

這類基金的投資區域在亞洲，除了買公司債，也有可能配置一定比率的公債，畢竟有些亞洲國家的主權債信用評等是非投資等級。這些公債的配息是比較高的，而公債的違約比例也很低，這也是為什麼亞洲債券基金的整體違約率一向不太高。

5.新興市場債券基金

此款基金持有公債的比率，通常會再高於亞洲債券基金。想想，阿根廷、土耳其……等國家的主權債信用評等一定低於印尼、韓國、台灣。若這類基金選擇信用評等低且配息高的公債偏多，自然會提高整體風險，因此不要以為投資公債就沒什麼風險。況且若基金為了提高配息，而投資較高比重的高配息非投資等級公司債，風險自然就高了。

不過也要提醒，在投資公債的部分，會面臨兩大風險：

①該國如果發生債務危機，例如希臘還不出錢了，該國公債價格一定跌，也會影響到有投資該國公債的基金。
②該國升息，其公債的價格也會跌。

有滿多投資人在投資配息型基金時，會偏好上述第 3 種「全球非投資等級債券基金」。雖然我常說買債券型基金要符合「買

債 3 要素」和「配息滿意，波動接受」，但針對想要賺資本利得的投資人，會希望趁淨值位於相對低點時進場，那麼要怎麼評估此時此刻的淨值位置是相對高或低？我會建議參考以下 3 個思考點：

①該基金投資於美國與歐洲的比重？

②此時美國非投資等級公司債的利差是多少？大於 10 年平均利差愈多，價格漲的空間愈大；小於 10 年平均利差愈多，代表再漲有限。

③此時歐洲非投資等級公司債的利差是多少？大於 10 年平均利差愈多，價格漲的空間愈大；小於 10 年平均利差愈多，代表再漲有限。

綜合①、②、③點，應該就可以略知此時你想投資的全球非投資等級債券基金是處於什麼位置，而這個位置是高？是低？每個人都有接受的底線——有人覺得有 10% 的上漲空間就滿意了，有人希望能有 20%，也有人可以接受短期不漲或跌，但看好未來。因此這裡我所分享的方法，只是引導你看清楚目前的位置，至於未來的路（買後的過程）是否要走下去，只能依照你心中的滿意度去決定了。

不管是想賺資本利得或只是單純領息，只要是買非投資等級

債券基金，都一定要了解每種基金都有它波動的強度，風暴來襲時，你是否真的可以接受它的波動強度？能接受再買進，才能避免恐慌殺低出場的後果。

再補充一點，市面上還有一種基金稱為「墜落天使債券基金」，指的是所投資的債券原先屬於投資等級債券（信用評等 BBB 級以上），但卻突然被降評到非投資等級。有人認為這類基金會比一般非投資等級債券基金更優，但我認為，它無論如何就是非投資等級債券基金，要不要投資它？怎麼選？都跟買非投資等級債券基金要遵循的要點一樣，沒必要特別寬容。

新興市場債券、本地貨幣債基金》公債為主

「新興市場債券基金」與「新興市場本地貨幣債券基金」都是以投資新興市場國家的公債為主，最大的區別在於基金是買美元計價的？還是當地貨幣計價的？例如：印尼發行了 2 款公債，一是美元計價的印尼公債，一是印尼盾計價的印尼公債，想當然耳：

「新興市場債券基金」：就是買美元計價的印尼公債，拿到的配息也是美元。

「新興市場本地貨幣債券基金」：就是買印尼盾計價的印尼

公債，拿到的配息也是印尼盾。

因此影響「新興市場債券基金」淨值的因素是：

因素1》買的公債價格漲或跌

影響公債漲或跌，除了市場供需之外，還有 2 個原因。首先，如果該國發生債信危機（如之前的希臘），當然價格一定跌。再來就是該國是升息或降息——升息自然讓公債跌，降息則公債漲。

因素2》當地貨幣升或貶

貨幣的升貶除了與該國經濟有關外，最重要的是美元指數——美元指數若強，那麼新興市場的貨幣應該是貶值的；美元指數若弱，那麼新興市場的貨幣應該是升值的。

知道了影響「新興市場債券基金」淨值的因素後，用功一點的投資人應該會去查目前各種債券的利差。假如新興市場公債的利差已經很小了，代表公債價格已在相對高點，此時：

①買進「新興市場債券基金」想要賺資本利得的人，真的很難了，只能每月領利息了。

②買進「新興市場本地貨幣債券基金」想要賺資本利得的人，

只有祈求美元指數繼續走弱了。在這種情況下，新興市場的貨幣就能升值，新興市場本地貨幣債券基金淨值就能漲了。

投資人也常有一個疑問，「為什麼我買的新興市場本地貨幣債券基金跌得比別檔多？」通常是因為你買的那檔基金，所投資的該國貨幣貶得比較多。想想是買印尼公債配息較多？還是買巴西公債配息較多？當然是巴西。但碰到美元指數走強的情況，巴西黑奧就貶得比印尼盾多。

6-2

投資目標到期債券基金 勿忽視3潛在風險

　　由於台灣投資人酷愛配息的基金，除了大家最常見的非投資等級債及新興市場債外，還有一種名為「目標到期債券基金」頗受投資人矚目。大家對債券的性質應該已經不陌生，如果我們從市場買一檔債券（如台積電公司債），必有幾個要素：買時花了多少錢（成本，此價格不一定等於債券面額）、每年的配息多少、還有多久到期（即存續期間）。到期後只要該債券不違約，即可拿回債券面額的錢，因此大部分的人對於債券基金的理解是：

　　債券基金買了很多檔債，只要該債券不違約持有到期就能拿回本金（如果是債券剛開始發行時就從初級市場買，本金就會等於面額，也或許從次級市場買時，剛好就是用面額買的）。但是實務上，債券基金的投資組合中，每一檔債並不一定能持有到期。不要忘了，每位基金投資人是可以隨時贖回的！

　　當有投資人要贖回基金時，如果該基金剩餘的現金不夠支付

贖回款給投資人，基金經理人就勢必得賣掉部分的債券。此時賣出的價格，就不一定能用面額或買債的成本賣掉，必定是以當下的市價賣掉。而債券基金計算淨值時，所持有的每一檔債都是用市價來算淨值，如此才能公平對待每一個基金投資人。

若提早贖回目標到期債券基金，需付違約金

而「目標到期債券基金」就是回歸持債的本意——期望每一檔債都持有到期，讓投資此基金的人可以盡量賺足票面利率。例如某基金公司發行一檔目標到期債基金，期間 5 年：

1. 此基金持有的債券，基本上其存續期間是 5 年。

2. 在 5 年後，此基金所持有的債都將到期。基金拿回債券面額的錢，就將基金的資產還給投資人，此基金也就結束了。

3. 投資此基金的投資人就是賺基金票面利率。

4. 買此基金的投資人基本上是要持有滿 5 年的，若 5 年內有投資人還是要贖回，必須支付贖回費（違約金）。

5. 債券到期時也不見得能讓投資人百分百拿回本金，因為仍

有以下風險或額外成本：

①**違約風險**：如果投資期間有債券違約，自然拿不回債券本金，也會進而影響投資人可拿回的本金。

②**匯率風險**：如果該基金為了提高配息率，投資了較多的新興市場債券或新興市場本地貨幣債券，到期時若新興市場幣值是貶的，當然也會影響淨值。

③**避險成本**：如果為了降低匯率風險，勢必要做匯率避險，此成本會反映在淨值。

投資人對目標到期債券基金常見的2大誤解

目標到期債券基金多與保單連結。在前幾年狂掃市場時，隨便找出一檔目標到期債基金，會看到幾個字眼，例如「6年期新興市場債券基金，且投資於投資等級債至少60％，非投資等級債不超過40％」，並且標榜有投資公債且配息率可達6％。

大部分投資人都只看到表面，而有以下誤解：

誤解1：以為有投資「公債」，所以認為不會違約且保本；實際上即使是公債，也只能視為違約機率很低，沒有一定保本。

誤解2：認為配息率有6％甚至更高，所以無腦買進；實際上要視幣別去判斷。

我們用挑基金的 SOP 4 步驟來檢視一遍：

1. 該基金投資在哪些地區？新興市場。

2. 該基金投資哪些標的？投資等級債至少 60%、非投資等級債不超過 40%，其中包含公債。

3. 基金經理人用什麼幣別買這些標的？美元，或是新興市場幣別。

4. 你選擇用什麼幣別投資這檔基金？美元。

魔鬼藏在細節裡，我們來看看還有哪些要注意的魔鬼？

1. 在步驟 2 當中已經知道，此目標到期債券基金的投資標的為「非投資等級債不超過 40%」，另外，基金標榜配息率 6%。然而同期間的非投資等級債券基金為「非投資等級債至少 60%」，也是配 5%～6%。有注意到風險嗎？照理說，目標到期債券基金的非投資等級債券比重較低，配息率也理應較低，怎麼會接近其他的非投資等級債券基金？合理的解釋就是該目標到期債券基金，所買的非投資等級債券組合信用評等更低、票面利率更高，才有辦法拉高整體基金的配息率。

2. 如果基金經理人是用美元買這些標的，那麼配息率不可能高達 6%。如果是新興市場幣別，那就是本地貨幣債了，配息率

的確可能到 6% 以上，同樣要了解自己所承擔的風險。

這類基金可能號稱保本，只不過保的是當地貨幣的本（巴西黑奧、土耳其幣、南非幣……），那就要祈禱 6 年後這些貨幣都別貶值，否則換回你選的計價幣別美元（步驟 4）後，本金保證虧損。

要注意的是，目標到期債券基金與退休族適合的「目標日期基金」（詳見 7-1）並不相同，投資時千萬別混淆了。

另外，因應 2022 年～ 2023 年的升息環境，也有業者推出「機動目標到期債基金」，這又是什麼？同樣要了解它投資什麼債券（投資等級？非投資等級？新興市場債）來區分其風險。而所謂的「機動」機制則是指該基金達到既定的報酬率（10%或 15% 之類），就會提前結算出場，不必非要等到所持有債券到期，讓投資人除了在持有期間能夠領息之外，還有機會賺到資本利得。

買進熱門產業型基金前
先深入了解投資標的

特定的產業型基金有一種莫名的吸引力，因為當該產業正在勢頭上，經常會吸引大批投資人投入，成為人人都在討論的熱門話題，近年最具代表性的就是 5-5 介紹過的科技基金及新能源基金。這裡我們則會談談另外兩個曾經熱門、投資人也很常提問的基金類型：

能源、拉美基金投資股票而非原物料商品

如果有投資人看好石油，並選擇石油主要生產地區的拉美（拉丁美洲）或東歐基金，就有可能會發現，當石油漲了，自己買的基金卻沒有漲。會有這樣的疑惑，多半是沒有搞清楚，無論是能源基金、資源基金、黃金基金，或是原物料生產地區如東歐基金、拉美基金等，其基金的持有資產都是股票，而非原物料商品本身。

以「能源基金」為例，投資標的主要是跟石油生產有關的公

司股票（很多是開採能源的公司，另外也有煉油公司、運輸石油的公司等），而非直接買石油。黃金基金則是買從事黃金業務有關公司（例如開採金礦的公司）的股票，而非直接買黃金。

再以「拉美股票型基金」為例，投資標的主要是在拉美國家證券交易所掛牌的股票，或拉美國家的公司在其他國家股市交易所掛牌的股票。打個比方，台積電（2330）是台灣公司，在台灣證券交易所掛牌，在美國也有以存託憑證方式掛牌上市（在美國掛牌的存託憑證稱為 ADR），如果有國外基金公司要投資台積電，可以在台灣買股票，也可以在美國買 ADR。

因此以拉美基金而言，既然投資的是拉美國家證券交易所掛牌的股票，或是拉美國家公司在其他國家掛牌的股票，那所投資的類股就可能包含很多種了，不一定都是能源產業。如果你看過市面上拉美基金的持股內容，不難發現若以國家分類，其中以巴西的持股最高；若以產業分類，則排名第 1 的通常是金融類股，甚至必需性消費、工業等產業的持股比重都高於能源產業。

投資拉美基金，為何很難投資到石油開採公司的股票呢？這是因為此類公司講究的是技術，而技術高超的公司大部分是歐美國家的公司，它們既不是拉美國家的公司，也沒有在拉美國

家掛牌。

了解上述原因後，就能知道為何即使石油上漲，但是拉美、東歐基金卻不會跟著漲了。若真的想要投資跟石油公司相關的基金，就要挑選能源基金，才會確實投資到較多能源相關公司的股票。

既然如此，又為何把拉美、東歐基金與能源掛勾？畢竟產能源的國家靠此維生，能源價格不好，國家就賺得少，經濟也無起色，自然直接影響股市。

大家應該還記得 2015 年底～ 2016 年初，石油暴跌至每桶約 30 美元，巴西及俄羅斯幣值也跟著暴跌，這兩國的通膨就高漲，外資一定大逃，股市能不跌嗎？能源下跌可能也影響了該國的其他產業。也因為這類市場牛短熊長，因此不管是能源基金或拉美、東歐基金，我都將它們歸類在 3 軍市場。

為了直接投資商品，有人乾脆買黃金存摺、黃金 ETF 而非黃金基金，有人則買原油期貨而非能源基金，這樣就真的直接參與商品的漲跌了。不過直接參與商品又是另一個課題了。無論如何，投資任何金融商品都一定有其風險，投資前期望你都能清楚且能接受它後，再下單吧！

健康護理基金相對抗跌，生技基金波動較大

生技醫療類基金的名稱通常不太一致，關鍵字大致上有「健康護理」、「醫療」、「保健」、「健康科學」、「生命科技」……等，基金評鑑機構也沒有再做更細的分類，不過根據各類基金所著重投資的產業，大致又可分為健康護理基金及生技基金這兩大類：

1.健康護理基金

大部分投資在傳統的製藥公司或醫療服務相關產業，大家並不會因景氣好、口袋錢較多就多吃藥，因此該類基金不隨景氣起伏，一般歸於穩定型或抗跌型基金。

在大多頭時，健康護理基金的漲幅一定輸其他類基金，但在空頭時因抗跌，別的基金都跌得稀哩嘩啦，它的表現就格外優秀。當流行病來了（如 SARS、流感……等），或戰爭要發生，就會讓它漲一段時間，至於漲多久就看突發事件有多長了。也由於此類基金波動小，所以報酬率也不會太高。

2.生技基金

多以投資發明新藥的公司為主。早期這類基金景氣循環很長，可能多達 10 年，但近年來科技的進步，讓發明新藥的時

間縮短，也讓此類基金景氣循環時間縮短了一半——若科技股的景氣循環為 2 年～ 3 年，那此類基金的景氣循環約 3 年～ 5 年。新藥發明一旦成功，漲幅相當驚人，失敗時跌幅也很可觀，因此此類基金波動大，報酬率也較大。

目前這兩類基金，我將它們歸類在 2 軍市場。若真的想要投資，記得還是得先深入了解想投資的基金是著重在哪一種產業，才能清楚未來持有期間的波動是否是你可以接受的！

6-4

ETF投資正夯 理解與主動式基金4大差異

近幾年指數股票型基金（ETF）很夯，許多年輕人都定時定額買 ETF 準備幫自己存退休金，這真是個可喜可賀的訊息！開始重視自己的退休金，對自己、對國家、對社會都是加分，因為若想要享有更優渥的退休生活，只有 2 種方式：第 1，國家福利更優，那必定大家要多繳稅；第 2，自己從年輕時開始存退休金。想來第 2 種是目前多數國家宣導的方向。

ETF 不是什麼新的產品，它也是基金的一種，只是它是「被動式」的指數型基金，績效貼近市場指數。ETF 一樣有基金經理人，也同樣是持有一籃子股票或債券組合，以下是被動式的 ETF 與主動式共同基金主要的差異點：

差異1》被動式投資績效貼近指數

ETF 在設計時就已經很明確說明其持股內容、追蹤什麼指數，也僅會隨著指數更換成分股時換股，以追蹤指標指數績效為目

標。因此當指數漲 15%，ETF 也會上漲接近 15%。以 3 檔在台灣證券交易所掛牌的 ETF 為例：

①**元大台灣 50（0050）**：於 2003 年 6 月 25 日成立，追蹤的是「台灣 50 指數」，其持有成分股為台灣上市公司市值最大的 50 檔股票，每季調整 1 次，因此其持股內容就包括台積電（2330）、鴻海（2317）、台塑（1301）……等 50 檔大型權值股。日後當有股票被剔除或被新選入台灣 50 指數，元大台灣 50 也會跟著更換成分股。

②**元大高股息（0056）**：於 2007 年 12 月 13 日成立，所追蹤的「台灣高股息指數」，是從台灣 50 指數與台灣中型 100 指數共 150 檔成分股當中，選出未來 1 年「預測」現金股利殖利率最高的 50 檔股票作為成分股（成立起約 15 年期間都是選 30 檔股票，2022 年 12 月 16 日後改為 50 檔），並採現金股利殖利率加權，因此其成分股會是預期現金殖利率相對較高的電子股、金融股或傳產股。根據 2023 年 6 月後調整的資料，成分股有廣達（2382）、中信金（2891）、兆豐金（2886）、亞泥（1102）、台塑（1301）、南亞（1303）……等，反而看不到台積電、鴻海等大型權值股。

③**元大寶滬深（0061）**：於 2009 年 8 月 4 日成立，基金

90% 以上資產投資於香港證券交易所掛牌之「標智滬深 300 基金」，並追蹤「標智滬深 300 基金」淨資產價值，而非直接追蹤滬深 300 指數。而且該基金採取現金申購與贖回，投資人不會直接持有「標智滬深 300 基金」或其成分股票。因此，這檔 ETF 與大家想像的追蹤中國兩市的滬深 300 指數有所不同。

而共同基金的部分，經理人則會主動選股，並視市場情況隨時調整持股，因此投資人不會知道基金目前的最新持股是哪些股票。而共同基金也會有參考的指標指數，但是持股結構與績效也就不一定會接近指標指數了，績效可能會超越指數，或是比指數表現更差。

例如，某檔科技型基金的公開說明書上載明：「本基金之股票投資將以從事或轉投資於通訊、網路、軟體、網路服務、網路商務，及其軟硬體元件供應者，或以通訊及網際網路改變傳統商業模式產業之上市及上櫃」，投資人可了解這檔基金會投資與科技產業相關的公司股票，但不會知道基金實際上會投資哪些標的，只能從近期該基金公布的前 10 大持股略知一二。

差異2》ETF可以透過證券市場買賣

共同基金要向銷售機構如銀行、基金平台、投信公司或證券

公司申購；ETF的買賣方式則跟股票一樣，只要到證券公司開戶，就能像買賣股票一樣交易。

其實ETF的英文名稱「Exchange-Traded Funds」，意思就是「在交易所交易的基金」，也就是指數型基金被證券化。如果不透過證券市場交易ETF，投資人也可以直接向發行它的基金公司申購相同內容的指數型基金，所享有的權益是相同的。

差異3》ETF費用更低廉

ETF因為經理人要做的事比較少，管理費與保管費自然較共同基金少，這也是受到許多人喜愛的原因之一。

但我認為並非管理費與保管費收得低，最終報酬率就一定較一般基金優，因為每天公布的淨值中已經把這兩種費用扣除了，這時誰報酬率好，與淨值的漲幅相比就知道了，最終還是回歸到基金本身投資組合的績效。台灣有主動型基金的10年、20年報酬率超越0050，當然也有不少比0050更差的。

差異4》外加費用不同

外加費用指的是「申購手續費」，以及向銀行申購共同基金

通常會再被收取「信託管理費」。相較之下，在證券市場交易
ETF，手續費相對便宜，只會被收取買賣時的手續費（目前最高
為0.1425%，電子下單會再有折扣）與賣出時的證交稅0.1%。
而一般的共同基金申購手續費，牌告費率多為 1% ～ 3%（電子
下單會有折扣）。不過若是直接向發行基金的投信公司購買，
或是在基金平台申購，也都能享有很低廉的手續費，甚至有定
時定額免手續費優惠。至於「信託管理費」，通常只有銀行會
收取，基金平台或投信是沒有收這個費用的。

　　上述最後兩項差異都跟費用有關，看起來 ETF 的費用與交易
的便利性是略勝一籌，不過費用畢竟不是最重要的考量。挑基
金時，最終要回到「挑選適合自己的基金」，最終能夠獲得滿
意的報酬率，順利獲利出場，才算是一筆成功的投資。

　　講解到此你明白了嗎？不管你要買的是一般基金還是 ETF，
都請了解它。一般基金要了解其投資的地區、產業……等，ETF
也一樣要了解其追蹤的指數內容及成分股。好比我們一直強調
新興市場本地貨幣債（南非幣計價）波動太大，不適合長期投
資，那麼如果有一檔債券 ETF 也是追蹤這類的債券指數，難道
會因為手續費比較低而認為可以投資嗎？答案當然是否定的。

　　最後做個簡單的提醒，買 ETF 的注意事項如下：

1. 要清楚明白你要買的 ETF 類型、追蹤哪些個股？個股所占的比重？再確定是否是你想買的類型及個股比重分配。

2. 該檔 ETF 規模不要太小。

3. 該檔 ETF 每天的成交張數不要太少，以免成為殭屍 ETF。

4. 反向 ETF 及 2 倍（或 3 倍）ETF 不是用來長期投資的，更別說定時定額。法人、外資買它都是策略性的運用，一般投資人應該要遠離它。

6-5

特別股基金配息穩定
但須留意流動性風險

特別股基金是相對冷門的基金，這類基金投資的是「特別股」，也是因為利息收益而吸引部分有需求的投資人。

首先看看何謂「特別股」。一般我們在股市裡交易的股票稱為「普通股」，有些公司因為有籌資需求，但又不想稀釋股權或增加負債時，就會額外發行「特別股」。特別股也能在股市交易，只要公司不出事，波動通常非常低。

特別股特性依據權益不同而有差異

特別股的權益有別於一般普通股，例如，多數特別股不像普通股能享有投票權，且配息率也與普通股不同，不過配發股息的優先權，特別股會高於普通股。另外，若公司面臨破產清算，債務人的求償順序會優於股東，特別股股東的求償順序則再優先於普通股股東。因此，特別股根據權益不同而具有不同特性，主要分類項目如下：

1. **永續及非永續**：「永續」是指沒有約定到期日或買回日期等停止存續條件，多數特別股都屬於這一種，但公司仍保有一段時間後可收回特別股的權利。「非永續」則會寫明到期時間。

2. **可累積以及不可累積**：「可累積」指如果當年公司沒有盈餘，特別股配息可累積至有盈餘年度時發放；「不可累積」則是指特別股配息不會累積，若公司當年沒有盈餘可配發特別股股息，未來也不會補發。

3. **可轉換及不可轉換**：「可轉換」可以在發行達一段時間後，依約定的比例轉換為普通股；「不可轉換」則不行。而大部分特別股通常屬於不可轉換類型。

4. **參加以及非參加**：「參加」是指特別股除了本身的配息之外，還可以參加普通股盈餘之分配；「非參加」則只能領到特別股該配的股息。

由於每檔特別股都存在著不同的特性、報酬及風險，要挑選哪些特別股納入投資組合、能創造出何種績效表現，自然也取決於基金經理人的能力。對這類基金有興趣的投資人，多半是看中特別股的穩定股息，只要是配息型基金，都要了解其配息來源——「資本利得」及「股息」：

①**股息**：許多特別股發行時雖然有固定的股息，但此類似保證的固定股息往往是有年限的，例如：只有前 2 年保證配 5%，之後則會隨獲利多寡再做調整。此外，台灣的特別股市場很小，因此市面上的特別股基金，多以美國特別股為主要市場，其中又以金融產業為大宗。

②**資本利得**：即為股票交易的價差，由於特別股的股價波動相對低，通常較難有明顯的資本利得可賺。

特別股也有必須承擔的風險，像是流動性會比一般普通股差，若公司出問題，基金經理人想出售特別股，可能會被迫以低價賣出。另外，若是無到期日的特別股，發行公司往往會訂下 N 年後，有權部分或是全部收回（即 Call Back），屆時就得要重新尋覓其他特別股來投資，而新投資標的則不一定能提供更優的配息條件。

特別股基金如何去避開以上的風險，就要靠基金經理人的選股及操作能力了。是不是一定要投資這類基金？投資人同樣可以評估可能的績效及持有過程再決定。若真的非投資不可，也一定要清楚了解該基金的持股組合內容，以判斷其風險自己是否能接受。

期貨基金非持有傳統資產
不適合初階投資人

　　曾有一位網友這樣問：「我投資 OO Man AHL 組合期貨基金，從開始募集就參加，這 2 天收到終止合約通知，變成強迫式贖回，有什麼辦法可以申訴？」首先要了解什麼是期貨基金？期貨基金投資的標的，是在交易所交易的期貨契約，而非傳統的股票和債券。其與對沖基金有些類似，兩者都可以買空賣空，在操作策略上都可以採用特殊的多空組合機制，都給投資者提供了一種傳統股票和債券不具有的特殊獲利方式。

　　期貨基金的投資資產也與傳統資產相關度很低，因此在國外，期貨基金與對沖基金通常被稱為另類投資工具。唯期貨基金不會瘋狂的使用槓桿進行投機操作，因而收益較對沖基金穩定，風險也比對沖基金小。

　　到這裡你應該明白，期貨基金與我們平常投資的股票型基金、債券型基金截然不同，大部分的投資人都對股票和債券這兩類標的略知一二，對於期貨則相當陌生。如果對期貨契約根

本一竅不通,那麼投資期貨基金不就等於在冒險?

先前在市場上發行的 ○○ Man AHL 組合期貨基金,是一種組合型基金。組合型基金的意思是指投資組合為基金所構成,例如,組合型股票基金不是直接投資多檔股票,而是投資很多檔股票型基金,而此檔組合期貨基金則是投資多檔期貨基金,而不是直接投資期貨契約,其風險比一般期貨基金再小一些。

基金持有的期貨契約到期未履約,價值恐歸零

然而大家要明白,投資股票或債券,除非該公司倒閉,否則價值不會歸零;也就是說,公司營收或獲利再爛,或股價一直跌,但是掛在市場的股價也不會變成 0 元。

投資期貨或選擇權就不同了。如果契約時間到了而持有者沒有履約,價值是會歸零的。或者在買權中,契約約定的價格高於市價,那麼該選擇權的價值也是 0 元,因此期貨基金有可能淨值變為 0 元。

回到這位網友的問題:「收到終止合約通知,變成強迫式贖回」,我想該基金可能不是淨值變為 0 元,而是清算了。基金清算在一般股票型或債券型基金也常見到,期貨基金就更常發

生了。

　　基金的清算條款在公開說明書都寫得清清楚楚，例如基金規模或每單位淨值，連續幾日低於某個金額會清算下市。因此買基金時一定要詳閱公開說明書，確定申購就代表你接受公開說明書的內容，要自己負責！清算確實是正常現象，因此沒有申訴的理由。

　　「不懂的東西不要碰」，這是我投資的座右銘。期貨基金是投資知識程度到達大學、研究所以上程度的人在投資的，如果你的程度尚在幼稚園、小學程度，請不要亂買亂碰！再者，期貨基金、2 倍 ETF 或反向 ETF 都不適合長期持有，因此絕對別拿它當定時定額的標的。

買基金費用分內含、外加2種
一次搞懂收取細節

雖然我一直強調基金費用不是投資時最重要的問題，但投資人往往很在乎買基金時要盡量壓低費用、能省則省。以下就來談談買基金到底有哪些費用？主要分為「內含」及「外加」2種：

內含費用》計入淨值，不須另外付費

內含費用指的是直接從淨值中扣除，投資人不需要再另外支付，因此投資人很難感受到其費用率的高低。各項費用的收取比率會列在該基金的「投資人須知」（基金專屬資訊）當中，一般包含以下項目：

1.經理費（或稱為管理費）

這是基金公司最重要的收入，依據基金規模大小收取，例如1年收1.5%。此費用不管你在哪一個平台、哪一個通路買的基金都要付的。因為它是內含在淨值當中，已經從公告的淨值中扣除，投資人不用另外再給付。

有一種說法是經理費收愈多，基金報酬率就會愈差。不過，假設 A 基金經理費收 1.5%，但幫投資人賺了 15%（尚未扣除經理費的報酬），而 B 基金經理費收 1.8%，但幫投資人賺了 20%（尚未扣除經理費的報酬），就可以知道 B 基金能為投資人賺到更多錢。所以並非經理費愈低就愈好，終究還是比績效，因為績效是從扣除所有內含費用後算出來的（即淨報酬），淨報酬率愈高才是更優的。

常有人誤解我所說的這段話，總是斷章取義地說我認為費用高低不重要。懂的人就會知道我想表達的意思，比較淨利（淨報酬）應該是更正確的照妖鏡吧？能讓投資人淨賺的報酬愈多，自然代表績效愈好。

2.保管費

由於基金資產會另由第三方銀行保管，因此基金必須付費給保管銀行。這筆費用也與經理費一樣，依據基金規模大小收取，例如 1 年收 0.2%。此費用不管你在哪一個平台、哪一個通路買的基金都要付的。同樣也因為它是內含費用，投資人不用另外再給付。

3.分銷費

在「境外基金」中若是「後收手續費的級別」，有些會隱藏

一個費用叫「分銷費」，常見的費率約為 1%（視該基金而定）。因屬於內含費用，所以會每天反映在淨值裡。這個費用在境內基金是看不到的，若基金顯示是 N 級別，就表示此費用不收，但到底收或不收？收多少？必須看該基金的「投資人須知」。

外加費用》投資人須另外支付

外加費用指的是投資人除了投資本金之外，在申購、贖回、轉換基金……時，需再從口袋裡掏錢出來支付的費用，一般有以下項目：

1.手續費

申購基金時要付的費用，如「申購金額×1.5%」。但事實上，各平台競爭激烈，尤其投信公司或基金平台，很多都有定時定額免手續費優惠。

2.信託管理費

此費用是於銀行申購時才會發生的費用，而有些證券公司（簡稱券商）因有財富管理執照，也能收取信託管理費，只是大部分券商都打著免收信託管理費的名號罷了。

而在一般基金平台如基富通、鉅亨網、中租基金平台等，或

者投信、投顧、保險公司等基金銷售機構，都不會收取信託管理費，看起來相當具有優勢。然而也不是所有基金銷售機構都一定有賣你想買的基金；相較之下，銀行通路販售的基金相對齊全，因此當你想買的特定基金只能透過某些銀行購買時，還是得面對信託管理費的問題。

信託管理費收多少，各家銀行規定也不一，例如持有前 2 年不收，第 3 年起每年根據贖回金額收取 0.2%；意思是若你在某銀行買 A 基金 100 萬元，共持有 5 年，假如 5 年後贖回金額是 120 萬元，就會被收取後 3 年的信託管理費 7,200 元（＝120 萬元 ×0.2%×3 年）。也有銀行是持有達 N 年後就不收信託管理費的，大家可自行比較。

3.贖回費

在基金規定閉鎖期限內贖回者，會被收取這筆贖回費用，例如申購時若有規定要鎖 3 年才能贖回，但投資人卻在申購滿 2 年時贖回，就會被收取此費用。其算法大致依贖回總金額再乘上某一個比率，收取的該費用最終是歸入基金資產中，絕非歸基金公司所有。

4.轉換手續費

當投資人想將手中的基金轉換成其他基金，其實就是「贖回」

＋「再申購」這兩個動作，因此基金銷售機構可能就會向投資人收取相關手續費，包括贖回時可能產生的費用（如信託管理費、買回費（即贖回費）、短線交易費等）以及申購另一檔基金的手續費（不過這個手續費通常有優惠）。另外，基金公司本身也可能另外計收轉換費，收取的方式多採取內扣。

5.短線交易費

共同基金是募集投資人的資金進行投資，自然也是以長線投資為目標，不會希望投資人短線買賣基金殺進殺出。因此每一檔基金都有定義短線交易的天數，從７天～３個月都有，只要投資人申購後到贖回的持有天數符合短線交易的定義，就會被收取此費用。

短線交易費的計算，也是依贖回總金額再乘上基金公司規定的費率。各公司標準有很大的不同，從 0.01% 到 1% 都有，但是根據投信投顧公會的規定，費率不得超過 2%。短線交易費最終也是歸入基金資產中，絕非歸基金公司所有。

6.投資型保單收取的管理費

如果是透過投資型保單購買基金，會再被收取這筆費用，使用的名詞各家不一，但都屬於保單處理等相關費用。至於費率多少，也看各保險公司甚或各保單的規定。

基金的「內含費用」各有不同，想要擁有好績效，最終還是要去比較基金的報酬率。「外加費用」可以控制在自己手中，得靠自己去比較與思考，到底要透過什麼通路買基金最好。

但一定要記得，除了費率高低，也要連同自己的需求、方便性一起考量。最重要的是，不要只因為費用便宜就亂選基金，那就是本末倒置了，徒增不必要的麻煩。

其他隱藏費用》從基金公開文件查看

在瀏覽基金資訊時，常看到某些基金名稱後面會加上 A、B、X、Y……等代號，這些代號代表同檔基金，但發行了不同級別，以區別不同的管理方式，常見的有：

A 級別：屬前收手續費。
B 級別：屬後收手續費。

其實也不見得每家基金公司都這樣分類，最好能詳閱該基金的公開文件。通常境外基金（國外基金拿到台灣銷售）的費用收取方式較為複雜，因為在國外主管機關的監理模式與台灣不同，國外主管機關對業者不會有太多的限制。它們奉行投資人要自負盈虧，只有一點一定很嚴格的要求，就是要揭露得很詳

圖1 境外基金總費用率，後收型多高於前收型
——以某法巴基金後收級別費用結構聲明書為例

一、由投資人於交易時支付的費用率

項目／基金級別	手續費前收級別 C（美元）	手續費後收級別 B（美元）	
申購手續費 (實際費率可能依銷售情形而異)	3%	0%	
贖回時收取遞延銷售 手續費(CDSC)	0%	0-1Y(含)	3%
		1Y-2Y(含)	2%
		2Y-3Y(含)	1%
		超過3Y 轉前收級別	0%
轉換費	最高 1.5%	-	
買回費	-	-	

二、每年由基金資產支付的費用率

項目／基金級別	手續費前收級別 C（美元）	手續費後收級別 B（美元）
經理費	1.75%	1.75%
其他費用(含保管費)	0.4%	0.4%
分銷費	-	1.0%
認購稅	0.05%	0.05%
基金總費用率*	C（美元）: 2.23%	B（美元）: 3.23%

* 基金費用率為最近年度各基金級別之實際費用率

資料來源：法銀巴黎投顧

盡且清楚。

　　就以手續費後收型基金為例，「境外基金」中若是後收手續費的級別，通常會再有一個費用叫「分銷費」，費率約 1%（還是要視該基金規定為準），分銷費屬於內含費用，所以會反映在淨值裡。公開說明書或投資人須知通常會揭露其費用結構，而台灣金融業主管機關金管會也規定，2019 年起，境外基金

圖2 境內基金後收型級別，多半不收手續費
—— 以兆豐投信某基金公開說明書為例

十一、注意事項：

(一)本基金經金融監督管理委員會核准或同意生效，惟不表示本基金絕無風險。基金經理
公司以往之經理績效不保證本基金之最低投資收益；基金經理公司除盡善良管理人之
注意義務外，不負責本基金之盈虧，亦不保證最低之收益，投資人申購前應詳閱基金
公開說明書。

(二)本基金投資之風險含有類股過度集中之風險、產業景氣循環之風險、流動性風險、投
資地區政治、經濟變動之風險、商品交易對手之信用風險、其他投資標的風險，有關
本基金運用限制及投資風險之揭露，請詳見本公開說明書第 14-17 頁及第 19-24 頁之
說明。

(三)投資遞延手續費 N 類型受益權單位之受益人，其手續費之收取將於買回時支付，且該
費用將依持有期間而有所不同，其餘費用之計收與前收手續費類型完全相同，亦不加
計分銷費用，請參閱本公開說明書【基金概況】九、受益人之權利及費用負擔之(二)
「受益人應負擔費用之項目及其計算、給付方式」。

(四)為避免因受益人短線交易頻繁，造成基金管理及交易成本增加，進而損及基金長期持
有之受益人權益，並稀釋基金之權利，故本基金不歡迎受益人進行短線交易。若受益
人進行短線交易，經理公司將另洽收買回費用。

(五)本公開說明書之內容如有虛偽或隱匿之情事者，應由本證券投資信託事業與負責人及
其他曾在公開說明書上簽章者依法負責。

(六)本基金不受存款保險、保險安定基金或其他相關保障機制之保障。故投資本基金可能
發生部份或全部本金之損失，最大可能損失則為全部投資金額。金融消費爭議處理及
申訴管道：就本公司所提供之金融商品或服務所生紛爭投資人應先向本公司提出申

資料來源：兆豐投信

若發行手續費後收級別基金，投資人須簽署「境外基金手續費
後收級別費用結構聲明書」，以確保投資人了解投資這類基金
所需承擔的費用。

例如法銀巴黎投顧發行的某檔基金，有發行前收型的 C 級
別與後收型的 B 級別，聲明書範本中就清楚揭示，後收型級別
的手續費雖可遞延收取，卻必須負擔分銷費，因此整體費用率

3.23% 就會高於前收型級別的 2.23%（詳見圖 1）。

境內基金（投信所發行的基金）中收費就單純多了，大概就只有經理費、保管費、手續費、贖回費（持有達規定年數再贖回也不會收）、短線交易費（不符條件也不會收）、信託管理費（只有銀行會收）；其中只有經理費、保管費屬內含費用，其餘都是外加。

境內基金即使有發行手續費後收型級別，也不會見到境外基金會出現的分銷費。例如兆豐投信發行的某檔基金為 N 級別，其公開說明書就載明，此級別基金手續費會依持有年數遞減，且不會收取分銷費（詳見圖 2）。

台灣人無論是買基金或買保險，通常不習慣閱讀密密麻麻的文件，但是這些文件攸關我們的權益，還是要養成習慣，懂得為自己負責才好。買基金時，公開說明書、投資人須知看得清清楚楚，才不會錯得迷迷糊糊。

破除基金計價幣別迷思 以強勢貨幣投資為主

基金的幣別有 2 種層面，一種是基金經理人去買投資組合中的標的用的是什麼幣別？另一種就是你選擇的是美元計價、歐元計價、人民幣計價……等。

基金計算淨值分為2階段

假如有檔中國 A 股基金，可想而知，基金經理人是要去中國股市買股，所以一定是用人民幣去買，因此不管你買此基金時支付的幣別，經理人拿到你的資金後，統統要換成人民幣去購買中國的股票。當每個交易日結束要結算淨值時會分為 2 階段：

第 1 階段：先以當日該基金持有的中國股票收盤價計算出人民幣淨值。

第 2 階段：接下來根據不同的計價幣別，換算為該幣別的淨值，例如：

- 美元計價基金：當日人民幣淨值換匯成美元的淨值。
- 歐元計價基金：當日人民幣淨值換匯成歐元的淨值。
- 人民幣計價基金：維持當日用人民幣結算的淨值，沒有改變。
- 新台幣計價基金：當日人民幣淨值換匯成新台幣的淨值。

又假如有一檔新興市場本地貨幣債券基金，那麼基金經理人是用巴西黑奧買巴西的公債、用印尼盾買印尼的公債、用南非幣買南非的公債……。

當一天結束要計算淨值時，算出來的自然是各國幣值，此時：

- 美元計價基金：將各國幣值的淨值換匯成美元的淨值。
- 澳幣計價基金：將各國幣值的淨值換匯成澳幣的淨值。
- 南非幣計價基金：將各國幣值的淨值換匯成南非幣的淨值。

理解基金名稱中不同級別相關名詞意義

基金的名稱常出現計價幣別如美元計價、澳幣計價、南非幣計價……等，相信大家已經不陌生了。也常看到基金名稱後面跟著一串字：「累積」、「月配息」、「累積股份」、「美元對沖」、「美元避險」，這些都分屬不同的級別，以下就來好好學習一下。

1.累積、月配息、累積股份

這 3 項是大家常買的配息基金會出現的字樣，同檔基金可能會發行這 3 種級別的基金，從字面上就很容易理解：

①**累積**：此級別基金不會配息給投資人。基金從持股組合所獲得的所有獲利，都會累積到淨值當中。買此級別基金的投資人，單位數不會增加、不會領到配息，但在配息基準日時淨值也不會減少。

②**月配息**：此級別基金每月會配現金給投資人。買此級別基金的投資人，單位數不會增加，每月能領到配息，因此配息日當天的淨值會減少，減少金額為每單位的配息金額。

③**累積股份**：此基金會把要配給投資人的息，於配息當日再申購該基金。買此級別基金的投資人，雖然領不到現金配息，但是每個月單位數會增加，配息日當天的淨值一樣會減少，減少金額也是每單位的配息金額。

這時就會有人問，哪一種報酬率最高？由於累積型和累積股份這兩種級別，都是基金自動幫你把配息拿回去投資原基金，而月配息則是把息配出來給你，因此單純用淨值計算報酬率，月配息級別的報酬率會最差。

　　但是如果月配息級別的投資人，每月也把領到的息拿回去投資原基金，那麼算出來的報酬率自然就會跟另外兩者相當貼近。不過，如果是把配息拿去定時定額其他基金或其他類型的投資，同樣也是一種再投資，整體的報酬率或許還會更高呢！另外，會選擇領息的投資人，多半是有其他現金需求，例如用來繳保費、繳房貸、繳小孩的安親班費用……等，雖然看似沒有再累積原基金的資產，但實際上是滿足了其他的資金需求，其意義就不是用數字能夠衡量的了。

2.美元對沖

　　以「摩根多重收益基金（美元對沖）」為例，該基金之基準貨幣（base currency）為歐元，針對「美元對沖」級別，經理公司會承作美元與歐元間的匯率對沖，對沖比率約 100%。

　　假如目前美元存款利率高於歐元利率，在承作匯率對沖後，該級別可獲得美元及歐元間的利差（美元利率高於歐元利率之差距）。因此，美元對沖級別之總報酬率會高於歐元級別，若又將此利差所得納入配息中，那麼該級別的配息率一定會比較高，例如該基金有以下級別：

　　①摩根多重收益基金（美元對沖穩定月配）：並未將美元、歐元利差納入該級別每單位配息中，而是反映在淨值裡。

②摩根多重收益基金（美元對沖利率入息）：將美元、歐元利差納入每單位配息中。

假如美元、歐元利差有1個百分點，「摩根多重收益基金（美元對沖利率入息）」配息率就會比較高，但是當美元、歐元利差縮小，甚或有一天歐洲利率大於美國利率（也許根本不會發生），那麼情況就會相反了。

大家可能還是對於「對沖」的意義不甚了解，我再白話一點解釋，以「美國非投資等級公司債基金美元計價（南非幣對沖）」為例，該基金投資地區是美國，基金經理人所買的標的應該都是美元計價的，所以應該將資金換成美元。

但因為該級別基金做了南非幣對沖，就得把資金換成南非幣並放在南非幣定存，再向銀行借美元去買投資標的。而因為南非幣利率較高、美元利率較低，就有利差可以賺了，也就能注入配息金額。但若美元升息或南非幣降息，自然影響兩者間的利差，也就影響了配息金額。

3.美元避險

採用避險技術，透過降低（但非完全消除）避險級別計價貨幣與基金基準貨幣（該基金買的資產的主要貨幣）間的匯率波

動，以提供投資人更貼近基準貨幣級別的基金報酬率。由於避險有必須支付的成本，也可能因為避險產生獲利或虧損，這都會反映在該基金的淨值增減。

南非幣存款利率雖高，卻暗藏貨幣貶值風險

既然談到基金幣別，還是要不厭其煩的提醒台灣投資人關於「南非幣」的風險。台灣人對於南非幣實在是情有獨鍾，但是大家往往只貪圖它的高利息，而忘了它的高波動，也從來不在意（應該說不知道）在銀行掛牌的買進賣出價差很大。

例如，若看到南非幣兌新台幣從很多年前的 4.5 元貶到 2.4 元，認為跌夠多了而換了一批南非幣，殊不知竟然繼續跌到 2 元、1.6 元……沒有最低、只有更低，這就是這種弱勢貨幣的特質（詳見圖 1）。反觀人民幣雖然也是貶，但中國畢竟是世界大國，人民幣跌到一個程度就不再跌了。我一再提醒投資人，買金融商品一定要「了解它，接受它，再買它」！但大部分的投資人卻都是「不了解它，買了它，然後無法接受它」！

曾有位網友問了如下的問題：

「我在南非幣兌新台幣 2.4 多元的時候換了一筆錢，並直接

圖1 南非幣兌新台幣呈長期貶值走勢
—— 南非幣兌新台幣走勢

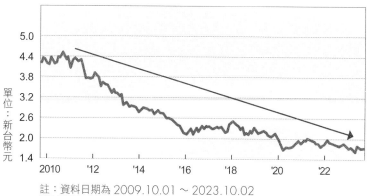

註：資料日期為 2009.10.01 ～ 2023.10.02
資料來源：Investing.com

以南非幣買入南非幣配息基金，但從半年前每月可以領到的息（南非幣），換回新台幣後少了近 1 萬 2,000 多元。為了對抗南非幣下跌的風險，目前想採 2 種方式，不知道您認為哪一個比較正確？

1. 南非幣的配息再買入南非幣的配息基金，利息很高，這樣回本的時間也比較快，但缺點是把南非幣的風險給養大了，因為南非幣配息無論買入任何南非幣的基金，終究是屬於南非幣資產。

2.把南非幣配出來的利息買入美元，再買入美元配息的基金，南非幣跟美元為負相關，雖然利息沒那麼高，但多多少少可以平衡一下，但缺點是南非幣換匯出來馬上就有3%左右的匯損。美元的利息已經沒有很高了，再有這樣的匯損，實在讓人很嘔！我有跑過公式試算，如果要回本比較快，就是要再投入南非幣的配息基金；如果要分散風險，就要去買美元的配息基金但是會有匯損，回本不如南非幣快，可能要再拉長個3到4年，不知道蕭老師傾向哪個做法？」

大家看到這裡，是否有發現這位網友忘了考慮什麼嗎？雖然方法 1 的做法回本較快，但也只是回到南非幣的本。若南非幣還是持續貶值，那麼不管領多少息，換回新台幣都還是虧了匯損呀！很多外幣的商品，就算保本也是保外幣，不管如何都有匯率的問題，常見到賺了利息，虧了匯率。

因此方法 1 和方法 2 各有優缺點，如何選？最後何者會較優？說真的也只有看以後美元指數怎麼走了，此時此刻我們根本不可能知道。至於我會傾向哪種做法？還真的無法回答。基本上我根本不會碰到這種問題，因為我絕不會去投資一個弱勢貨幣，縱使它在低點。

說嚴格一點，我沒有興趣投資貨幣，因為我對貨幣一點都不

專業。很多人喜歡投資多元資產，舉凡股票、基金、貨幣、期貨、房地產……樣樣都想買，樣樣都去買，看似分散風險，但你細想過，你是基金經理人嗎？什麼產品都懂嗎？我寧願只挑一種並學到透徹，並且永遠都用強勢貨幣去投資。

6-9

想用外幣買基金規避匯差 須考量4實務問題

　　投資時,每個人都想買在低點,尤其要單筆買債券基金的人,買在低點可以買多一點的單位數,自然就可以配多一點的息。這想法完全正確,也因此債券基金在相對高點時,到底買或不買?讓人好生煩惱。

　　同樣的煩惱也會出現在匯率上,如果要投資美國債券型基金,自然也想等新台幣兌美元升值時買基金,因為用相同的新台幣可以換到更多美元,自然也能買到相對多的單位數。因此,大家理想中最完美的狀況,就是買在淨值低點＋新台幣升值的時刻。

想在淨值低、匯率佳時買債券基金,實際難兩全

　　不過事實卻是,等到美國債券淨值跌了,通常新台幣兌美元也貶值了,因為此時美元通常會走強,相同新台幣只能換到較少的美元。那麼,「淨值低、但新台幣貶值」以及「淨值高、

新台幣升值」所能買到的單位數到底哪個更多呢？答案可能是差不多！這可是有活生生的例子可參考的：

試算》以新台幣15萬元買某檔非投資等級債券基金

2015.02.01：基金每單位淨值 86.32 美元，新台幣匯率為 33.4575 元兌 1 美元，可買到 51.938 個單位數。

2017.06.29：基金每單位淨值漲至 95.34 美元，新台幣匯率升值為 30.3975 元兌 1 美元，可買到 51.758 個單位數。

既然淨值高低與匯率難兩全，那麼就不要想那麼多了，反正都是用新台幣買基金，領到的配息也會從美元換回新台幣，早買可以早領息，我就是單純的這麼想而已。

高資產族再考慮單筆申購債券基金

只要新台幣很強（當然此時美元很便宜）時，就會有人開始討論類似的問題。因為如果是採新台幣信託的人（用新台幣帳戶買境外基金），明明看到美國科技型基金報酬率有 20%，但贖回入帳時卻會被匯率吃掉 4% ～ 5%；若是買美元計價的配息型債券基金，則會發現入帳的新台幣利息愈來愈少，也是被匯率吃掉了。

　　既然新台幣兌美元會造成匯損，就一定有人說，乾脆直接開個外幣帳戶吧，趁美元便宜換一些，贖回時就直接匯入美元帳戶（無須被強迫換回新台幣），這樣就不會立即實現匯損了；等到美元開始升值後，再換回新台幣就行了。看似天衣無縫的理論，是否有考慮到實務問題？

　　實務問題 1：若你是持續定時定額投資某檔基金，那趁美元便宜時要換多少美元等著扣款？若只足夠扣 1 年～ 2 年，萬一美元扣完了，該基金還無法停利，而你繼續扣款，肯定要再繼續換美元，到時候美元升值，還不是得用更貴的美元去買基金？

　　實務問題 2：如果擔心上述問題，想要一開始就換更多美元，手邊也得要有一大筆閒錢吧！換太多又怕囤太多資金，換太少又怕不夠用，不也是徒增困擾？

　　實務問題 3：換一筆去買配息的債吧！不錯的建議，但前提是，此時買配息的債一定只能以配息為目的，那就要長期投資了，須確定是要一筆不小的閒錢。

　　實務問題 4：如果你換了美元後，都不會再換回新台幣，或是你領的是美元薪資，以後也會使用美元在海外生活，那麼直接用美元投資確實就沒有上述的煩惱。但是，如果你的收入都

是新台幣，也都在台灣生活，那你手中的美元資產終究還是要換回新台幣的，換回新台幣那一刻就得面對匯差問題。

認為自己可以選在美元便宜時多換一些，美元變貴再換回新台幣，我只能祝福你是個換匯高手，能力強過央行總裁。

總之，不管你最後要選擇哪一種方法，是新台幣帳戶直接買外幣計價基金，抑或是開個外幣帳戶去買外幣計價基金，都會有匯率問題。如何規避？我告訴大家真正的答案：原則上很難很難，只要是投資海外市場，就要接受這個殘酷的事實。因此，別在匯差上傷太多腦筋了，一切隨緣吧！

然而，如果你是高資產族，或有大筆閒錢可以運用，那麼的確可趁美元便宜時換一筆，用美元單筆申購配息型債券基金（至少要 2 萬美元以上），只要金額夠大，就可將此債券型基金配發的息（美元）每月投入另一筆定時定額基金；而當定時定額的基金獲利出場了，也因為是「閒錢」，所以可以等待贖回後的美元變強時再換回新台幣，較完美吧！

若你還是努力存錢的上班族，耐心的定時定額投資就好，不用再去煩惱匯率問題，把目標放在將小筆「閒錢」累積成大筆「閒錢」更重要！

境內外基金交易淨值
計算基準日不同

投資人看到基金淨值創新高，也到達停利點時，興高采烈的贖回基金，卻總是在看到對帳單後發現，為什麼交易的淨值跟自己以為的不一樣？

基金畢竟不是股票，申購或贖回時的交易淨值都會在交易完成後才會知道，以下就來看看，基金到底是用哪一天淨值交易？我們先把基金分為境內基金及境外基金：

境內基金》買進為當日，贖回為次一營業日淨值

「境內基金」指的是任何一家由台灣金管會核准成立的投信公司所發行的基金。不管這一家投信是本土還是外商，其所發行的任一檔基金都稱為境內基金，即使投資範圍包括海外標的也包含在內。舉例如下：

•復華投信（本土投信）其所發行的基金如：數位經濟（投資

國內股市）、中國Ａ股新經濟（投資在中國Ａ股）、全球物聯網基金（投資在全球）……以上皆稱為境內基金。

◆摩根資產管理（外資投信）其所發行的基金如：摩根中國Ａ股基金（投資在中國Ａ股）、摩根台灣增長（投資國內股市）、摩根亞洲基金（投資在亞洲）……以上皆稱為境內基金。

舉凡「境內基金」，買賣淨值日皆為：

買（申購）：當天的淨值。
賣（贖回）：次一營業日的淨值。

其中有幾個注意事項：

1. 投資海外股市會有時差的問題，例如你買美國股市的基金，７月１日買的卻是用當日淨值計算，只是於台灣７月１日早上下單買進，要等美國７月１日股市收盤（已是台灣時間晚上）後才能算出７月１日的淨值。因此縱使你在台灣時間７月１日下單買進美國股市，也無法知道７月１日美股是漲還是跌。

2. 賣的時候通常是用次一營業日的淨值，因此７月１日贖回美國基金，是用７月２日美股的收盤價。而７月２日美國股市是漲還是跌？到台灣時間７月３日早上起床時就知道了。

3. 境內基金中部分投資海外市場的基金，在贖回時是用當天淨值。

4. 下單時若已過了該平台收單的時間，就會再順延 1 天。

5. 從投資型保單買賣的基金，因你下單的對象是保險公司，保險公司通常於第 1 天收齊所有保戶的買賣單整理後，隔天再向基金公司下單，因此會比一般的投資人時間再順延一天，例如 7 月 1 日買會是買到 7 月 2 日的淨值，7 月 1 日賣會是賣到 7 月 3 日的淨值。

境外基金》買賣皆是當日淨值

「境外基金」指「國外的基金公司」所發行，並由台灣的總代理代理進來台灣銷售的基金，有些平台將此種基金稱為「海外基金」，事實上法規上的用語是境外基金。舉例如下：

看到「聯博全球○○○基金」，因為聯博是外資投信，若要知道是境內或境外基金，就要清楚該基金是聯博投信發行的？或聯博海外總公司發行的？前者為境內基金，後者為境外基金。

舉凡聯博投信、摩根資產管理、安聯投信、瀚亞投信……等

外資投信都有此情況，投資人要先了解買的是它們家的境內還是境外基金，才能區別買賣時是用哪一天的淨值。

舉凡境外基金，買賣淨值日皆為：

買（申購）：用當天的淨值。
賣（贖回）：亦用當天的淨值。

買賣時一樣牽涉到幾個注意事項：

1. 投資海外股市有時差的問題。例如你買的美股基金，7月1日買進是當天淨值，只是於台灣時間7月1日早上下單買進，但要到台灣時間晚上才是美國的7月1日，等美國7月1日股市收盤後才能算出當天淨值，因此縱使你在台灣時間7月1日下單買進美國股市，也無法知道7月1日美股是漲還是跌。

2. 賣的時候也是用當日的淨值。因此7月1日贖回美國基金，用當天美國股市的收盤價，而7月1日美國股市是漲還是跌？應該到台灣時間7月2日早上起床時就知道了。

3. 投資人下單時若已過了該平台收單的時間，那就會再順延1天。

4. 從投資型保單買賣的基金，因下單的對象是保險公司，保險公司收單後會於隔天向基金公司下單，因此會比一般投資人時間再順延一天，例如 7 月 1 日買會是買到 7 月 2 日的淨值，7 月 1 日賣也是賣到 7 月 2 日的淨值。

最後來了解贖回款的計算方式：

贖回款＝單位數 × 淨值 × 錢入帳戶當天的匯率（匯率計算基準日以契約規定為準）

基金計算淨值基準點不一定是收盤時間

每當美股暴跌時，各類型基金都跌得很深，難免大家就開始比哪一檔跌得多？哪一檔跌得少？跌多跌少固然跟當天股債市、買的標的息息相關，但有一點是大家很少注意的，就是該基金計算淨值基準點是何時？每家基金公司，每檔基金都不盡相同，並非都是大家想像的各市場收盤時間，常見的有：

1. 美股開盤後半小時（盧森堡下午 5 點）。
2. 台灣晚上 12 點（盧森堡下午 4 點）。
3. 美股收盤。
4. 冬令晚上 8 點，夏令晚上 7 點（愛爾蘭下午 4 點）。

5. 當地收盤。

6. 台灣時間 19 點（盧森堡下午 1 點）。

除了以上列出的時間，可能還有其他認定方式，必須詳閱該基金的投資說明書或公開說明書。因此，一樣是投資美國非投資等級債，如果 A、B 兩檔基金計算淨值截點的時間不同，如：

A 基金：美股開盤後半小時（盧森堡下午 5 點）。

B 基金：美股收盤。

那麼假設當天美股開高走低，也就不難知道最終淨值跌幅會差很多，因為 B 基金採收盤價為準，收盤暴跌就會造成淨值跌幅比 A 基金淨值跌幅多很多。當然，因為投資組合不同，標的本身的表現也會影響淨值表現，以上這些要點都是影響淨值的因素。

6-11

避免清算風險
挑規模大的基金

　　「清算」這兩個字總是令人膽戰心驚，其實這件事並沒有想像中可怕。首先，投資人要釐清基金清算與股票清算不同：股票清算是因為公司倒閉了，但基金清算是因基金規模太小，已不敷成本，所以基金公司不想再幫投資人操盤了，兩者原因可差很大。什麼原因會使基金規模變小？就是市場一直跌一直跌，再加上投資人恐慌而大量贖回，導致基金規模愈來愈小，最後走上清算一途。

基金是否清算，僅差在虧損是否被迫實現

　　當要清算時，基金公司會變賣所有的資產換成現金，再將剩餘資產還給投資人。而實務上，當基金通知投資人要清算時，基金資產已經都變現了，也就是淨值幾乎不會再動了。

　　大家會害怕清算的原因是，在清算時，投資人看到的帳上報酬率通常都是虧損的。當然，通常是因為市場狂跌，導致基金

規模變小、投資人贖回才會走上清算這條路，所以大家都會將清算與賠錢畫上等號，清算二字也就被冠上邪惡的名號了。客官阿，仔細想想好嗎？如果你同一時間買了 2 檔美國非投資等級債券基金，Ａ基金的市場一直跌一直跌，難道Ｂ基金的市場就不跌？不一樣還是跌嗎！Ａ基金是虧損的，Ｂ基金一樣是虧損的，只是因為Ａ基金規模較小，所以走上清算罷了，也就是：

Ａ基金清算＝強迫贖回＝實現虧損。
Ｂ基金沒有清算＝繼續持有＝帳上虧損。

說穿了就是「實現虧損」與「帳上虧損」的不同而已。大家可以轉個彎，把Ａ基金清算後所拿到的錢，轉投資到Ｂ基金去，雖然贖到低價，但也買到低價。好比房價跌，把現在住的那間賣掉，雖然賣在低點，但同時改買另一間，那新買的這間不也買在低點？就是這麼簡單的邏輯，大家就不用再庸人自擾了！

難道清算沒有缺點嗎？有，就是帶給我們麻煩，所以為了免除日後的麻煩，建議大家盡量挑規模大一點的基金。就以債券型基金來說，我也一直提醒投資人要挑規模大的，不但能避開日後可能遇到清算的麻煩，規模愈大的債券型基金也能夠買到愈多的債券檔數，風險更分散。若真的不幸碰到了清算，請記住：此處不留人，自有留人處。

Chapter

7

預約退休生活

7-1

累積「退休金池」提領生活費 老後不怕勞保破產

　　每隔一段時間就會有「勞保即將面臨破產」的新聞，市場就會再掀起一波對於退休金議題的討論，我對此類的報導，心中永遠是這樣想：

　　1. 不必猜勞保會不會真的破產，不管現在誰說不會讓它破產，也不曉得說這話的人屆時還在不在位置上，就算還在位置上又如何？與其花時間想這個問題，不如花時間在財務規畫上。

　　2. 不管你現在幾歲，不用想會不會太晚這個問題，現在就開始規畫！一定都比還沒開始的人早。

　　想通了，就來開始準備存退休金的計畫了，一般都會先從以下3個問題思考：第1，工作到幾歲退休？第2，退休後會活幾年？第3，計算退休時要存多少錢？

　　實務上，這3個問題很難有正確答案，你知道你會工作到幾

歲嗎？雖然很多人都說 65 歲再退休，但是有多少人在 2008
年金融海嘯後就失去工作至今？又有多少人受到 2020 年疫情
影響而失業了？還有人遇到中年危機，50 歲後就算想繼續拚到
65 歲，但是老闆卻不讓你如願……。

　　再者，退休後會活幾年，任誰都不知道。大部分計算退休金
的公式都是用平均年齡來算，但如果太過長壽，也不見得節省
就能少花錢，除了生活中各種潛在的花費，若不幸臥病在床，
要花的錢實在難以想像。

3問題估算退休前該存多少錢

　　該如何估計退休時要存多少錢呢？我認為乾脆反過來算：

　　1. **退休後每月會有多少花費？**估計「退休後每月最低基本生
活費」，先抓出可供溫飽的金額即可，假設每月需要 3 萬元（此
處試算暫不考慮勞保和勞退可領的錢）。

　　2. **退休後該如何創造足夠的現金流？**退休後可投資於年化配
息率 5% ～ 6% 的配息型產品。

　　3. **回推退休前的「退休金池」該存多少錢？**退休後每月至少

需要花費 3 萬元，1 年就需要 36 萬元。以年化配息率 6% 回推，退休前的「退休金池」至少要有 600 萬元（＝ 3 萬元 ×12 個月 ÷0.06），若年化配息率 5%，則需要 720 萬元（＝ 3 萬元 ×12 個月 ÷0.05）。

除股票型基金，還可透過2方法累積退休金池

假設退休金池要有 720 萬元，那麼就要設法在退休前存到這筆錢，算好每個月可投資的閒錢，並採取「定時定額」逐步累積。而每月投資金額，未來也應該會隨著你的薪資成長而有所增加。打算靠股票型基金存退休金的人，請再回頭複習本書第 3 章的內容，另外還可以參考以下投資方式：

1.複合投資法（或稱母子投資法）

此方法較適合已經努力存了一段時間，手中已有一定金額的閒錢（至少 30 萬元）的投資人。複合投資法簡單說就是先買一筆穩健型母基金，每月再用母基金的部分資金去定時定額投資其他子基金，詳細的投資方法已經在本書（詳見 3-14）介紹過，此處就不再贅述。

2.目標日期基金

如果你學了半天，還是不會挑基金，那麼有一種目標日期基

金，會是最簡單的選擇。目標日期基金是一種退休產品，在歐美相當流行，從基金名稱就能判斷出自己該選哪一種。

例如，若有基金公司發行了「2030目標日期基金」、「2040目標日期基金」、「2050目標日期基金」，可以這樣選擇：如果你的退休年限接近2030年，那就選2030目標日期基金；如果接近2040年，那就選2040目標日期基金，如果接近2050年，那就選2050目標日期基金。不同目標日期基金的差異如下：

1.「2030目標日期基金」離投資人退休年限最近，因此投資組合在這3檔基金中持有的債最多、股最少。

2.「2050目標日期基金」離投資人退休年限最遠，因此投資組合在這3檔基金中股最多、債最少。

簡單說，每一檔基金離到期日（2030年、2040年、或2050年）愈近，那麼債的比重就會增加、股的比重則降低，通常在基金到期前最後5年幾乎會全部持有債券。

選出接近自己退休年限的目標日期基金後，可單筆買入也可定時定額，但是都要採取「只買不賣」，一直放到到期，因為

買這類基金的目標就是為了讓你在退休時能擁有一筆退休金。而因為經理人會隨著到期日調整股債比，也降低了退休時股市崩跌的風險，因此才適合投資人「只買不賣」。

退休後，應持續靠退休金池創造現金流

到了退休時，手中真的存到了一筆退休金，又該怎麼運用呢？如果只是放在銀行裡，每月要從那筆錢拿出一部分來生活，隨著年紀愈來愈大，安全感會下降的，因為不曉得會活多久？錢到底夠不夠用？總感覺會坐吃山空……。

不過，若是所存的退休金，能夠持續創造現金流給我們，就像定期領薪水，就不會有吃老本的感覺，安全感會大幅提升。所以「創造現金流」會是比較實際的思考方向，這也是為何配息型產品在台灣如此受到歡迎的原因吧！

目前市面上能夠持續創造配息的投資產品，主要有以下 3 種，我也會同時分享近年來我所觀察到的問題：

1.配息型基金

配息型基金當中最主流的自然是債券型基金。這些年來也有很多人開始利用配息型基金領息度日，或靠著配息型基金的息

去養別檔基金。只是並非所有人的投資都很順利，最常見的失敗案例就是買到波動程度超過自己負荷的基金，最終選擇認賠出場。

我一向要大家在買債券型基金時，要遵守「買債 3 要素──以配息為目的、不在乎淨值的波動、長期投資（10 年以上）」，並且用「配息滿意，波動接受」挑基金。但是有人偏偏只看到「配息滿意」，卻「沒考量過波動」，或者說高估了自己對於波動的承受程度。不小心買到了波動太大的基金，然後痛苦的強迫自己「不在乎淨值的波動」。明明說好要長期投資，卻天天看報酬率，跌一點就心驚膽跳，最後的結果就是失敗收場。

講白一點，95% 的人都不太能接受波動大的基金，所以挑債券型基金或其他配息型基金時，都請記得「配息高出市場平均水準的基金，也代表著愈高的風險」，持有愈久只會愈恐慌，真的不適合用來長期領息過退休生活。如果你之前也被高配息沖昏了頭，正陷入苦惱當中，或許可以趁現在好好的想清楚，是否已買到不能踩的配息型基金（詳見 4-2）？如果有，請趕快調整！

若你距離退休還有好幾年，就先停止手中高風險的投資，可以改成定時定額 1 軍市場的基金，花 5 年或更長的時間來累積

表1 台股上市的12檔高股息ETF追蹤指數皆不同

ETF名稱	代號	追蹤指數	指數母體
元大高股息	0056	臺灣高股息指數	臺灣50指數及臺灣中型100指數之成分股
國泰股利精選30	00701	臺灣指數公司低波動股利精選30指數	所有上市的普通股,挑選具備流動性且體質穩定之優質藍籌股
國泰標普低波高息	00702	標普500低波動高股息指數	標普500指數成分股
元大台灣高息低波	00713	臺灣指數公司特選高股息低波動指數	上市市值前250大,20日均成交金額大於800萬元股票
富邦臺灣優質高息	00730	道瓊斯台灣優質高股息30指數	◆上市上櫃流通市值達1億美元 ◆股息配發穩定:最少連續5年配發股息,近1年股息殖利率排名前50檔股票為股票池
復華富時高息低波	00731	富時台灣高股息低波動指數	富時臺灣50指數及臺灣中型100指數之成分股
國泰永續高股息	00878	MSCI臺灣ESG永續高股息精選30指數	以MSCI臺灣指數為基本選樣範圍,篩出MSCI ESG評級為BB(含)以上且MSCI ESG爭議分數達3分(含)以上之個股
富邦特選高股息30	00900	臺灣指數公司特選臺灣上市上櫃高股息30指數	臺灣上市上櫃市值前200大股票
永豐優息存股	00907	特選臺灣優選入息存股指數	臺灣上市股票且不屬於電子工業8大類

——12檔高股息ETF基本資訊

選股邏輯	成分股數（檔）	調整頻率（月份）
未來1年預測現金股利殖利率最高之50檔股票	50	半年調（6、12）
成交股數、市值、財報獲利及現金股利穩定條件，挑選加權波動度最低30檔股票，並予市值加權分配成分股權重	30	每年調（9）
篩選過去1年現金殖利率前75名，同一產業最多10檔，再選波動度最低50檔	50	半年調（1、7）
先依股利率進行篩選，再採用基本面及技術面因子進行遴選，接著利用5大指標：獲利能力、權益報酬率、股利率、營運現金流量及波動度，以算術平均計算綜合分數，選取前50檔股票	50	半年調（6、12）
自由現金流量對總負債比率、股東權益報酬率、股息殖利率、5年股息成長率，以等權重方式對每檔股票之4因子排序進行加權，綜合分數最大之30檔	30	每年調（3）
從過去1年現金殖利率前60名，選出波動度最小的40檔，並按流通市值加權分配，最大權重不超過10%	40	年調（3）
依調整後股息殖利率排序取前30檔，並以調整後股息殖利率作為權重分配之標準	30	半年調（5、11）
經流動性、指標篩選（正營業利益、現金殖利率）檢驗後，選30檔下次配息擁有高殖利率股票	30	每年3次（4、7、12）
上市股票中選取與景氣循環民生必需相關產業，經流動性檢驗、企業ESG表現、獲利及股利配發為篩選條件，挑選30檔上市股票	30	年調（6）

接續下頁

ETF名稱	代號	追蹤指數	指數母體
凱基優選高股息30	00915	臺灣指數公司特選臺灣上市櫃多因子優選高股息30指數	臺灣上市上櫃市值前300大股票
群益台灣精選高息	00919	臺灣指數公司特選臺灣上市上櫃精選高息指數	臺灣上市上櫃市值前300大股票，日成交平均金額高於8,000萬元
復華台灣科技優息	00929	臺灣指數公司特選臺灣上市上櫃科技優息指數	上市上櫃電子類股中市值前200大且大於50億元

資料來源：各投信公司

資本。等到將來真有現金流需求，再伺機單筆買入自己能接受波動的基金，或風險較小的基金，如投資等級債為主的基金，效益必定更大。若已經開始退休領息，卻正在為基金的高波動感到痛苦，不妨即時斷捨離，換成其他檔配息合理、風險更低的投資等級債券基金，退休生活會過得更安心。

2.存股

靠存股的股息存退休金，亦是近年來受到許多人推崇的方法

選股邏輯	成分股數（檔）	調整頻率（月份）
經流動性、指標篩選（獲利、ROE、ROA、下行風險）、波動指標及股息指標檢驗後，依市值200億元以上結合低波因子及股利因子表現，依序選取30檔股票	30	半年調（6、11）
經流動性篩選，且近4季ROE＞0，5月時依照股利率排序挑選前30檔股票，10月依照預估股利率排序挑選前30檔股票	30	半年調（5、12）
流動性、同時通過ROE（連續3年ROE＞0）、波動度（剔除過去1年波動度最高的前10%）、殖利率（剔除近3年平均殖利率最低的前10%）、長短期本益比乖離（剔除近5年與近3個月的本益比差距最低的10%）、股息變異性（剔除近5年現金股利變異係數最高的前10%）、財務指標等依序選取40檔股票	40	年調（6）

之一。這方法當然可行，但重點是要存哪幾檔股票？而且還要保證這檔股票在 20 年、30 年後依然勇健。其實我不是會投資股票的人，無法提供專業建議，但若你有此方面的專長，存股退休也不失為一個好方法。

3.高股息ETF

因為沒有把握能挑到好的股票，不少人會選擇簡單易懂的ETF。最受台灣人歡迎的當然就是高股息 ETF 了，不用去想該在

表2 台灣的高股息ETF選股邏輯多為「過去式」
——12檔高股息ETF選股邏輯類型

選股邏輯	ETF名稱（代號）
未來式	元大高股息（0056）
過去式／未來式	富邦特選高股息30（00900）
現在式／未來式	群益台灣精選高息（00919）
過去式／現在式	永豐優息存股（00907）
過去式	國泰股利精選30（00701）、復華富時高息低波（00731）、國泰標普低波高息（00702）、元大台灣高息低波（00713）、富邦臺灣優質高息（00730）、國泰永續高股息（00878）、凱基優選高股息30（00915）、復華台灣科技優息（00929）

註：「未來式」指採預估未來的配息選股；「過去式」指採取過去的配息紀錄選股；
　　「現在式」指採取現在的配息選股
資料來源：各投信公司

何時買進賣出，確保能持續領到股息就行。

　　因應投資人的喜好與需求，台灣投信公司近年來也發行了多檔高股息 ETF，如何挑選？投資人同樣可以去了解這些 ETF 投資了什麼？配息政策是什麼？選股邏輯是什麼？可以多多比較，選出自己最適合，也最喜歡的。只是要注意，規模不要太小（以免碰到清算的麻煩事），每天成交量也別太少（以免成為殭屍 ETF）。

　　表 1 分別列出 12 檔台灣發行的高股息 ETF，其分別追蹤的指數、成分股檔數、成分股調整頻率、指數母體、選股邏輯等。表 2 則是根據選股邏輯為這些 ETF 歸類，例如元大高股息（0056）是根據預測的現金股利來選成分股，因此選股邏輯屬於「未來式」。而群益台灣精選高息（00919）會同時考量現在及預測的現金股利選股，因此是「現在式／未來式」。而其他多數高股息 ETF 則會將過去的現金股利納入選股考量。

　　最後要提醒，假設退休族手中擁有約 1,000 萬元，已經用其中 600 萬～ 720 萬元買年配息 5% ～ 6% 的產品（如高股息 ETF），去創造可供溫飽的 3 萬元基本現金流。剩餘約 300 萬～ 400 萬元的閒錢，千萬「不要」拿去冒險（如配息率 18% 的南非幣計價債券基金），而是應該去買更保守且優質的產品（如投資等級債券基金）。

　　以上是我拋出的一些想法，就是想提醒你，明明每月可以產生的現金流已夠生活了，就別再更貪。退休了，除了錢夠花，能擁有不擔心害怕的精神層面依然相當重要。

用5方法養基金 有效累積退休資產

許多人都想要快速累積退休金,並在退休時把這筆退休金拿去買配息的債券型基金以每月領取現金流。在退休前,若要靠基金累積這筆退休金,大致上有 5 種方法可以參考:

方法1》債養股,再股養債

已經有一筆錢,將此筆錢單筆買入債券型基金,並將每月配的息再定時定額投資股票型基金。當股票型基金停利贖回時再轉申購債券型基金,屆時債券型基金愈養愈大,當然退休時能領的現金流也就愈多了。

方法2》債養債,再債養債

已經有一筆錢,將此筆錢單筆買入債券型基金,並將每月配的息再定時定額投資該債券型基金(或直接買累積型的債券型基金)。當該定時定額配息基金停利贖回時又繼續轉申購該債券型基金,讓同檔債券型基金愈養愈大,當然退休時能領的現金流也就愈多了。

方法3》股養債,再債養股,再股養債

每月定時定額買股票型基金(或已有一筆金額較高的錢,並分批定時定額買入),當此股票型基金停利贖回時,再轉申購別檔債券型基金,並將每月配的息再定時定額投資該檔股票型基金。

股票型基金停利後又再買入債券型基金……,如此重複下去,債券型基金愈養愈大,退休時能領的現金流也就愈多了。

方法4》股養股,選定時機再股養債

每月定時定額買股票型基金(或已經有一筆金額較高的錢並分批定時定額買入),當此股票基金停利贖回時,再以基金養基金方式持續養別檔股票型基金……。

如此一直周而復始,等特定時機到了再購買債券型基金領息。而此處指的特定時機就是:當你想買的債券型基金淨值跌了 20% 時,趁機單筆買入,此時必能買到較多的單位數,用較少的本金領到較多的息,或是等到接近退休時,再一次買入配息型產品。

方法5》定時定額買累積型債券基金

有些人為了早日累積到自己想要的金額,在存退休金的階

段，就單純投資累積型的債券型基金。等退休時再換成配息型，就能擁有定期的現金流了。這雖也是方法之一，但前文也說明過，把債券型基金當成定時定額標的，效益不佳，是否堅持要用此方法，投資人可自行抉擇。

前 3 種方法，都是在累積退休金的過程中投資配息型的債券基金，並利用配息去養其他基金。在台灣尤其又以「月配息」產品特別受到青睞，因為每月有錢入袋的感覺實在棒透了。

不過，自 2008 年金融海嘯後，很長一段時間，台灣及美國都處在低利率環境。隨著 2022 年～ 2023 年低利率時代結束、美元指數走強，投資人開始發現手中的債券型基金淨值大幅下跌，尤其非投資等級債券基金、新興市場債基金虧損更明顯，特別是很晚才加入的投資人（息領得不夠久），一進場就遇到虧損爆棚，不免要問：領息又如何？淨值根本不漲反跌！

配息型的債券基金，所持有的債券就算淨值上漲，漲幅也不如股票；升息時更不用說，淨值肯定是一直往下掉，再加上債息都配給投資人了，淨值就會愈來愈低。如果你無法接受這種過程，就不適合買這類商品。

想要讓累積退休金的速度極大化，最好的方式就是上述的第

4 種「股養股，選定時機再股養債」了，因為股市的成長率還是優於債市。簡單的說，如果你目前也無法拿出太多閒錢，又想加速達到退休時期望的現金流，那麼就先將每月可用閒錢都定時定額投資 1 軍市場的股票型基金，有獎金或額外收入就存下來備用，等低點時向下加碼。

　等贖回 1 軍基金時，就再養其他檔 1 軍基金，或是重複投入原來那檔基金，盡可能累積夠多的本利和。一直等到時機到了（例如接近退休時，或想買的債券型基金淨值跌了 20% 時），再單筆買入可為你創造現金流的投資產品即可。

7-3

退休前適時調整投資組合
降低股債雙殺衝擊

2023 年投資市場最令人震驚的，無非就是出現「股債雙殺」，股市與債市一起下跌，尤其對於即將退休的人而言更是一大打擊。稍微冷靜下來思考，就會發現這件事其實沒有想像中恐怖。

正要退休的投資人》僅贖回生活費，其餘等待股市回春

若你過去很認真的存到一筆退休金，相信這 10 年、20 年、30 年……累積的本利和，絕對足以對抗一時的下跌。就算是此時此刻要開始動用退休金，也不會是一次全部贖回吧？而是只贖回一部分需要用的錢，因此尚未贖回的部分，就繼續等待股市回春，或許還能再創高峰。

還沒退休的投資人》愈接近退休，投資組合應愈保守

為了避免發生退休之前股市大跌的風險，也可以參考「目標日期基金」的做法，也就是愈接近退休年限時，投資組合要愈保守。

例如在接近自己退休前 1 年～ 3 年，就把一部分資金放到保守的資產上（例如短期美國公債 ETF，甚至乾脆放銀行定存），避免面臨「贖回要認賠，不贖沒錢過日子」的窘境。至於那「一部分資金」該是多少？我想 1 年～ 3 年的生活費是基本原則，也可以再參考當時市場的景氣循環位置來決定：

1. 若才剛要從過熱（通膨）期往下，就可以更保守一點，保留個 2 年～ 3 年生活費。

2. 若已到了通貨再膨脹（景氣衰退期趨緩）期，留個 1 年生活費也許就夠了。

有些人可能與現在的我一樣，單純採取不間斷的扣款，過程中不會隨意停利，落實長期投資，唯一需停利贖回的時機就是「需要用錢的時候」，且也不是全部贖回，而是僅僅贖回需要的花費，其餘的錢再繼續投資。可見，退休前若真的碰到股債雙殺，也沒有想像中那麼悲催。存退休金始終要把握以下重點：

1. 及早開始存退休金，才能累積更多的本利和來對抗市場的起起伏伏。股市一時的下跌，就交由時間複利翻轉回來。

2. 要投資對的、優質的資產。

新朋友必看、老朋友複習的投資懶人包

　　看完了整本書，如果你還是覺得有點迷糊，希望這篇懶人包可以幫助你整理思緒。

　　以下是我的基金投資方法總整理，可能不是最優，但可提供你一個參考的方向，你可以從中抽出想學習的部分，再轉化成適合你自己的投資策略。

1.投資方法

　　①核心投資方法：定時定額。

　　②當市場下跌的時候：定時定額加碼扣、單筆定率加碼法、密集扣。

　　③策略運用：微笑升級（原設小微笑者升級為大微笑、原設大微笑升級為仰天長笑）、停利贖回時再基金養基金。

2.股票型基金挑選方法

　　①決定市場：詳見表1。

表1 **美股、台股、全球科技皆屬1軍市場**
——股票型市場1～3軍分級

分級	從高點起扣翻正年數（年）	市場
1軍	1～1.5	美股、台股
	1～2	全球科技（或美國科技）
2軍	1.5～2.5	日本基金、印度基金、越南基金、新能源基金、亞洲區域型基金、歐洲基金、健康護理基金、生技基金、東協基金
	2～4	中國基金
3軍	5～10	拉美基金、東歐基金、能源基金、礦業基金、資源基金、黃金基金

②選出同類型績效前段班基金：選好要投資的類別後，挑選該類別中，長期（3年以上）、中期（1～2年）、短期（1年以下）績效前1/2的基金。

3.投資配置

①主力部隊：1軍。

②後備部隊：2軍、3軍（不一定出動）。

③現金：讓自己隨時都有糧草。

④配息再投入：每月從配息型基金領到的息，再定時定額投資股票型基金。

此外，上述不同配置會配合不同投資方法：

◆主力部隊會用到投資方法中的①、②、③。

◆後備部隊若有出動，只會用到投資方法中的①，提醒若有投資 3 軍也必是停利後停扣。

4.堅持停利不停扣

停利點設定方式如下：

①可先自行設定小微笑、大微笑、仰天長笑。

②我的設定是：小微笑 15% ～ 20%、大微笑 40% ～ 50%、仰天長笑 100% 以上。

③1 軍基金適合：小微笑（短期資金需求）、大微笑（中期資金需求），及仰天長笑（長期資金需求）。

④2 軍基金適合：小微笑、大微笑。

⑤3 軍基金適合：小微笑。

5.市場下跌時的扣款方式運用

當市場下跌時，定時定額加碼扣、單筆定率加碼法、密集扣，分別如何運用？

①跌多少要加碼：可自行設定，如報酬率 -15%、-20%，或

該基金淨值跌 15%、20%……。設定的準則必定是「自己可以執行，且一旦執行皆不能半途投降」。

②定時定額加碼扣：適用時間較長的空頭，通常都是「經濟因素」造成的大跌，此時用定時定額加碼扣較能度過漫漫長夜，加碼扣款方式可選擇「增加金額」、「加扣其他基金」、「增加扣款日期」。

③單筆定率加碼法：適用時間較短的空頭，通常都是「非經濟因素」造成的大跌，如 2020 年因新冠肺炎疫情造成的大跌。

④密集扣：適用跌下來時空頭時間短，但單筆加碼心中有罣礙，就可改為密集扣，如天天扣、2 天扣 1 次……。

6.配息型的債券基金挑選方法

①用自己「配息滿意，波動接受」8 字訣來挑基金。

②接著才能做到買債 3 要素：「以配息為目的、不在乎淨值的波動、長期投資」。

7.了解基金的SOP 4步驟

①該基金投資在哪些地區？例如新興市場要特別看國家別及分散比重。

②該基金投資哪些標的？例如非投資等級債券基金要特別看 CCC 級以下級別的占比不得過高。

③基金經理人用什麼幣別買這些標的？例如美元？歐元？當

地貨幣？只要是用當地貨幣買的標的，波動度就是隨著該幣別升貶。

④你選擇用什麼幣別投資這檔基金？例如美元計價？澳幣計價？南非幣計價？

根據上述 4 步驟就能大致判斷這檔基金波動的大小，以及判斷自己能否接受。

下載3類基金公開文件
檢視投資人必讀資訊

　　所有合法發行的基金一定會有「公開說明書」，每月會發布「基金月報」，境外基金則會再提供「投資人須知」。這些公開文件揭露了所有投資人必須了解的資訊，我們可以隨時到發行該基金的公司網站下載這些文件。例如，「復華高成長基金」是由復華投信發行，則可到復華投信網站的該基金「基本資料」頁面查詢；「富蘭克林全球債券基金」則可到富蘭克林證券投顧網站查詢。

　　我們也可以從基金資訊網站，從各基金介紹頁面找到這些文件的連結（詳見圖解操作）。以下簡單帶大家來看看如何檢視這些必讀文件，並以「富蘭克林坦伯頓全球投資系列全球債券基金美元A（Mdis）」為例說明：

公開說明書》檢視基金投資目標、政策

　　下載「公開說明書」後，可以看到文件中對於此檔基金的投

資目標、投資政策有詳細說明。例如投資政策當中明白指出，該基金會投資於全球各國政府的公債或企業發行的公司債，其中也包含「非投資等級」（詳見圖1）。

但光看這段文字仍無法了解這檔基金買的債券風險到底高不高，因此可再進一步從「投資人須知」查詢它持債組合的內容。

投資人須知》檢視基金投資組合比重、費用率等

境外基金也會提供「投資人須知」，包含內容比較簡潔的「第一部分：基金專屬資訊」，以及內容更為詳細的「第二部分：一般資訊」。其實在「基金專屬資訊」大概就能看到投資人需要了解的內容了。

1.基金投資組合比重

最重要的當然就是第伍部分「基金運用狀況」當中，第1項「基金淨資產組成」，也就是該基金的投資組合比重，根據截至2023年6月底的資料：

①依投資類別分類：這檔全球債券基金共持有86.15%美國之外其他國家的公債與公司債、少部分的美國公債和衍生性金融商品，以及備有將近11%的現金部位以供彈性運用。

圖1 **從公開説明書能看到基金主要投資標的**
—富蘭克林全球債券基金公開説明書

全球債券基金（本基金之配息來源可能為本金）
〔Templeton Global Bond Fund〕

資產類別：固定收益型基金

基本計價幣別：美元

評價日(自 2024 年 1 月 1 日生效)：
在紐約證券交易所正常營業的日期（正常交易暫停期間除外），有關本基金適用評價日的更多資訊可在網站查詢：http://www.franklintempleton.lu。

投資目標：本基金的主要投資目標是透過堅實的投資管理，追求利息收益、資本增值及匯兒收益所組成的總投資報酬極大化。

投資政策：
本基金為尋求達成其投資目標主要投資於全世界各國政府或是政府所屬相關機構所發行的固定或浮動利率的債權證券（包括非投資等級證券）及債權憑證的投資組合。本基金亦可在不違反本基金之投資限制之下，投資於企業所發行之債券（包括非投資等級證券）。本基金亦可投資在由多國政府所組織或支援的跨國性組織，例如國際復興開發銀行或歐洲投資銀行所發行的債權憑證。本基金可能將不超過其淨資產的30%透過債券通或直接投資於中國銀行間債券市場(CIBM direct)方式投資於中國。

資料來源：MoneyDJ 理財網、富蘭克林證券投顧

②**依投資標的信用評等分類：** 此基金持有的投資等級債券比重（AAA～BBB 級）占比高達約 81%；非投資等級債券共占 8.29%，且其中信用評等最差的 CCC 級債僅占 1.1%（詳見圖 2）。可見這是一檔以投資等級債券為主的基金，投資人須承擔的風險也相對較小。

③**依投資國家或區域分類：** 有別於許多全球債券型基金以投資美國市場為主，此檔基金的投資國家相當分散，占比最高的

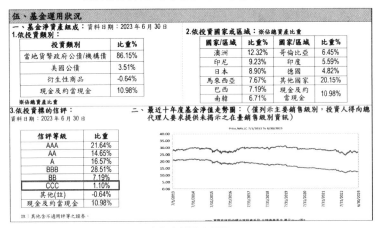

圖2 從投資人須知可得知CCC級債占比
——富蘭克林全球債券基金投資人須知

伍、基金運用狀況

一、基金淨資產組成：資料日期：2023年6月30日

1.依投資類別：

投資類別	比重%
當地貨幣政府公債/機構債	86.15%
美國公債	3.51%
衍生性商品	-0.64%
現金及約當現金	10.98%

※佔總資產比重

2.依投資國家或區域：※佔總資產比重

國家/區域	比重%	國家/區域	比重%
澳洲	12.32%	哥倫比亞	6.45%
印尼	9.23%	印度	5.59%
日本	8.90%	德國	4.82%
馬來西亞	7.67%	其他國家	20.15%
巴西	7.19%	現金及約當現金	10.98%
南韓	6.71%		

3.依投資標的信評：
資料日期：2023年6月30日

信評等級	比重
AAA	21.64%
AA	14.65%
A	16.57%
BBB	28.51%
BB	7.19%
CCC	1.10%
其他(註)	-0.64%
現金及約當現金	10.98%

註：其他含不適用評等之證券。

二、最近十年度基金淨值走勢圖：（僅列示主要銷售級別，投資人得向總代理人要求提供未揭示之在臺銷售級別資訊）

資料來源：MoneyDJ理財網、富蘭克林證券投顧

澳洲也僅占約12%，排名第2到第5的印尼、日本、馬來西亞、巴西等國家的占比也僅占7%～9%。

2.費用

投資人很關心的費用問題也在這份文件找到答案，包括：

①費用率：「第伍部分基金運用狀況」當中第6項「最近五年度各年度基金之費用率」，可清楚看到此基金在台灣發行的

圖3

圖3 從投資人須知檢視後收型分銷費費用
——富蘭克林全球債券基金投資人須知

六、最近五年度各年度基金之費用率：（在臺銷售之所有級別分別列示）

年度	107	108	109	110	111
美元 A(acc)股	1.41%	1.40%	1.40%	1.40%	1.39%
美元 A(Mdis)股	1.41%	1.40%	1.39%	1.40%	1.39%
澳幣避險 A(Mdis)股-H1	1.41%	1.40%	1.40%	1.40%	1.39%
歐元 A(Mdis)股	1.41%	1.40%	1.39%	1.41%	1.39%
歐元 A(Ydis)股	1.41%	1.40%	1.40%	1.41%	1.39%
美元 F(Mdis)股	2.40%	2.39%	2.39%	2.40%	2.38%
美元 Z(acc)股	1.11%	1.10%	1.11%	1.11%	1.08%
歐元 Z(acc)股	1.11%	1.10%	1.10%	1.11%	1.09%
歐元避險 Z(Ydis)股-H1	1.11%	1.10%	1.10%	1.10%	1.09%
美元 I(acc)股	0.86%	0.86%	0.85%	0.85%	0.84%

註：截至 6 月 30 日止之年度
費用率：基金截至 6 月 30 日止上表所揭各年度內之總費用與該基金平均淨資產的比率。總費用包括投資費、行政及股務代理費、保管費和其他費用，彙總於「營運及淨資產變動報表」。

七、基金前十大投資標的及占基金淨資產價值之比率（截至 2023 年 6 月 30 日）

投資標的名稱		比重	投資標的名稱	
1. Indon~ ~sury Bond, ~ ~DIS~		~4%	6. Singa~ ~o Government Bond, ~	3.17%
~ured, Fr~ ~, 2/15/3~			~cured, 2~ ~85% 8/04~	

陸、投資人應負擔費用之項目及其計算方式

項目	計算方式或金額
經理費	A 股、F 股、Z 股基金每年基金淨資產價值之 0.75 %，I 股基金每年基金淨資產價值之 0.55 %
保管費	每年基金淨資產價值之 0.01~0.14 %
A 股基金申購手續費	最高不超過投資總額的最高5.00%；投資人應以銷售機構實際收取之申購手續費為準。
F 股基金遞延銷售手續費	遞延銷售手續費金額所採贖回股份的淨資產價值或申購時的淨資產價值孰低（二者取其最低者）乘上所適用遞延銷售手續費率如下表： <table><tr><td>自購買日起持有年份</td><td>F 股基金遞延銷售手續費</td></tr><tr><td>低於一年</td><td>3.00%</td></tr><tr><td>等於或多於一年，但低於兩年</td><td>2.00%</td></tr><tr><td>等於或多於兩年，但低於三年</td><td>1.00%</td></tr><tr><td>等於或多於三年</td><td>無</td></tr></table>
Z 股基金申購手續費/遞延銷	無。僅供法人機構申購，最低首次申購金額為 2,000,000 美元。
售手續費/維護費用 I 股基金申購手續費/遞延銷售手續費/維護費用	無。僅供法人機構申購，最低首次申購金額為 5,000,000 美元。
買回費	無
轉換費	A 股基金轉換手續費係依轉出基金原始投資成本計算收取 0.5%（外收），每筆轉換費用金額最高不超過新台幣 5 仟元，實際計算基礎依各銷售機構與投資人之約定為準。F 股、I 股以及 Z 股無收取轉換費用。I 股得轉換到任何其他基金或股份級別且只有法人機構可以轉換其股份至 I 股。Z 股僅供合該股份類別資格標準的投資人持有，Z 股與 A 股不提供互相轉換，因法令規範需轉換股份類別且符合申購門檻者除外。
短線交易買回費用	無
反稀釋費用	無直接收取反稀釋費用。有關本基金採用擺動定價機制之相關說明，請詳第二部分：一般資訊第 33、46-47 頁。
A 股、F 股基金維護費用	每年基金淨資產價值之 0.30 %
註冊單位等服務費用	每年基金淨資產價值之 0.20 %
其他費用（如買回收件手續費、分銷費、召開受益人會議或股東會費用、績效費）	本基金負擔的其他營運成本包括（但不限於）下列各項費用：如證券買賣的成本、政府及法定收費、法律費用和審計費用、保險費、利息支出、報告費用和公告支出、郵資、電話及傳真等費用，每月於估計及計算各基金的資產淨值之時計算之（買回收件手續費：無；召開受益人會議或股東會費用；NAI 績效費；無； **F 股分銷費：1.00%**；A 股、Z 股及 I 股分銷費：無）。

資料來源：MoneyDJ 理財網、富蘭克林證券投顧

圖4　從基金月報可看到歷年原幣別配息率
——富蘭克林全球債券基金月報

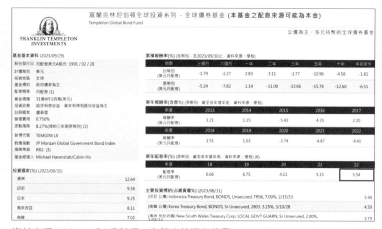

資料來源：MoneyDJ 理財網、富蘭克林證券投顧

各種級別的費用率，也就是全年度各種費用占淨資產的比率。不難發現其中屬於手續費後收型的「美元 F（Mdis）股」級別，費用率是所有級別裡最高的。

　　②費用明細：這檔基金產生的所有費用明細以及計算方式，都會清楚列在第 6 部分「投資人應負擔費用之項目及其計算方式」這張表格當中。例如我們同樣可以看到屬於手續費後收型的 F 股級別，手續費是採取遞延收取，持有達 3 年以上不需付

354

手續費，但是會被收取 1% 的分銷費（詳見圖 3）。

基金月報》檢視最新投資報酬率、配息率等

投資人在開始投資之後，可以從每月更新的基金月報關心最新的狀況，例如在 2023 年 10 月可查到截至上個月底的資訊。

以「富蘭克林全球債券基金」的基金月報為例，可看到截至 2023 年 9 月底，該基金投資組合分布（依國家、資產類別、債券信用評等分類）、整體到期殖利率、平均存續期間、平均債信評等、投資報酬率、年度原幣別配息率、幣別分布等資訊（詳見圖 4）。

Step 1 以 MoneyDJ 理財網（www.moneydj.com）為例，在首頁❶右方搜尋欄輸入欲查詢的基金，例如「富蘭克林坦伯頓全球投資系列全球債券基金美元 A（Mdis）」，按下❷「搜尋」。

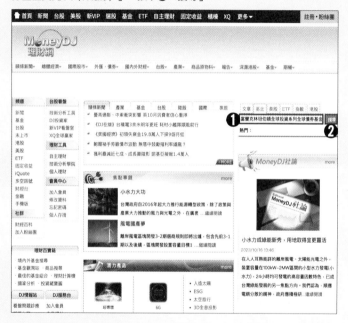

Step 2 接著，點選❶「基本資料」頁面，可以看到該基金的基本資訊。此處清楚看到此基金❷成立於 1991 年；基金的❸資產規模於 2023 年 8 月底達 33 億美元（折合新台幣約 1,050 億元）；❹計價幣別為美元，且屬於❺月配息的級別。

最後，在❻「文件下載」欄位，即可看到公開説明書、投資人須知（專屬，一般）、基金月報，點選後就能下載。

富蘭克林坦伯頓全球投資系列全球債券基金美元A(Mdis)(本基金之配息來源可能為本金) ▼

❶ 基本資料 公司 淨值 績效 持股 五力 趨勢軌跡 配息 報酬比較 績效評比 報告書 行事曆 得獎 國人投資

基金名稱	富蘭克林坦伯頓全球投資系列全球債券基金美元A(Mdis)(本基金之配息來源可能為本金)		
英文名稱	Franklin Templeton Investment Funds-Templeton Global Bond Fund Class A (Mdis) USD		
境外發行公司	富蘭克林坦伯頓全球投資系列基金	註冊地	盧森堡
台灣總代理	富蘭克林投顧	❹ 計價幣別	美元
❷ 成立日期	1991/02/28	總代理基金生效日	2006/07/18
基金核准生效日	2006/07/18	國人投資比重	25.98% (2023/6/30)
❸ 基金規模	3,332.00 百萬美元 (2023/8/31)	投資區域	全球
基金類型	全球型基金	風險報酬等級❓	RR2
投資標的	債券型	基金評等❓	⭐⭐⭐⭐⭐
最高經理費(%)	0.75	經理人	Michael Hasenstab/Calvin Ho
最高銷售費(%)	5	單一報價	Y
最高保管費(%)	0.14	❺ 配息頻率	月配
ISIN CODE	LU0029871042	傘型架構	Y
保管機構	J.P. Morgan SE-Luxembourg Branch	是否為ESG❓	
備註			

淨值日期	淨值	最高淨值(年)	最低淨值(年)
2023/10/12	10.9500	12.66	10.91
報酬率日期	本月以來(%)	本季以來(%)	今年以來(%)
2023/10/12	-1.12	-1.12	-7.55

文件下載	財報 / 公開說明書 / 投資人須知(專屬,一般)/ 基金月報 ❻
指標指數	摩根大通全球政府債券指數
投資策略	主要投資於全世界各國政府或是政府所屬相關機構所發行的固定或浮動利率的債權證券(包括非投資等級證券)及債權憑證的投資組合。為達成其目標,本基金資產至少2/3投資於上述投資標的。

資料來源：MoneyDJ 理財網

357

國家圖書館出版品預行編目資料

蕭碧燕 投資就該贏到最後：選標的、進出場、加減碼，
基金教母私房心法全公開／蕭碧燕著. -- 一版. -- 臺北市：
Smart智富文化，城邦文化事業股份有限公司，2023.11
　面；　　公分
ISBN 978-626-97439-6-4（平裝）
1.CST：基金 2.CST：投資 3.CST：理財
563.5　　　　　　　　　　　　　　112016610

Smart 智富

蕭碧燕　投資就該贏到最後
選標的、進出場、加減碼，基金教母私房心法全公開

作者	蕭碧燕
主編	黃嫈琪

商周集團

執行長	郭奕伶

Smart 智富

社長	林正峰（兼總編輯）
總監	楊巧鈴
編輯	邱慧真、施茵曼、林禹盈、陳婕妤、陳婉庭 蔣明倫、劉鈺雯
協力編輯	曾品睿
資深主任設計	張麗珍
封面設計	廖洲文
版面構成	林美玲、廖彥嘉
出版	Smart 智富
地址	115 台北市南港區昆陽街 16 號 6 樓
網站	smart.businessweekly.com.tw
客戶服務專線	（02）2510-8888
客戶服務傳真	（02）2503-6989
發行	英屬蓋曼群島商家庭傳媒股份有限公司城邦分公司
製版印刷	科樂印刷事業股份有限公司
初版一刷	2023 年 11 月
初版七刷	2024 年 08 月
ISBN	978-626-97439-6-4

定價 360 元
版權所有　翻印必究
Printed In Taiwan
（本書如有缺頁、破損或裝訂錯誤，請寄回更換）